北京市智能物流系统协同创新中心；北京市社会科学基金青↓
目：京津冀物流一体化发展统计测度与评价研究（16YJC050）；
京市教育委员会社科计划一般项目：京津冀物流一体化发展进程↓
统计研究（SM201710037006）

京津冀物流一体化发展统计测度与评价研究

Research on statistical measurement and
evaluation of logistics integration development in Beijing-Tianjin-Hebei

郭茜　周丽◎著

经济管理出版社
ECONOMY & MANAGEMENT PUBLISHING HOUSE

图书在版编目（CIP）数据

京津冀物流一体化发展统计测度与评价研究/郭茜，周丽著.—北京：经济管理出版社，2018.10
ISBN 978-7-5096-6141-3

Ⅰ.①京…　Ⅱ.①郭…　②周…　Ⅲ.①物流—经济发展—研究—华北地区　Ⅳ.①F259.22

中国版本图书馆CIP数据核字（2018）第257279号

组稿编辑：张　昕
责任编辑：张　昕
责任印制：黄章平
责任校对：王纪慧

出版发行：经济管理出版社
　　　　　（北京市海淀区北蜂窝 8 号中雅大厦 A 座 11 层　100038）
网　　　址：www.E-mp.com.cn
电　　　话：（010）51915602
印　　　刷：北京玺诚印务有限公司
经　　　销：新华书店
开　　　本：720mm×1000mm/16
印　　　张：13.50
字　　　数：206千字
版　　　次：2019年10月第1版　2019年10月第1次印刷
书　　　号：ISBN 978-7-5096-6141-3
定　　　价：98.00元

前　言

　　京津冀物流一体化对推进区域物流规划、通关、信息和政策法规对接，推动区域内生产要素流动、资源互补共享，打造中部物流通道，增强京津冀综合实力和国际竞争力，实现京津冀经济全面协调可持续发展具有重大意义。物流业作为国民经济发展中的基础性、战略性产业，对京津冀经济发展起着举足轻重的作用，物流一体化是京津冀协同发展战略的重要内容，是促进京津冀地区城市化、信息化、市场化和国际化，以及提升综合竞争力的重要举措。政府部门精准把握京津冀物流一体化发展进程与水平，可以有效地引导京津冀三地的物流活动协同发展，实现物流产业对接。

　　20 世纪 80 年代，美、日、欧等发达国家和地区率先提出了物流一体化的概念。1989 年，在北京召开的第八届国际物流会议上，赵效民、李震中等著名物流专家肯定了"物流一体化"的思想。区域经济一体化和物流一体化研究起源于欧美发达国家，西方学者比较注重纵向物流一体化研究，但是对区域物流一体化研究较少。

　　国内区域物流一体化研究始于 2000 年左右。2008 年发布的《国务院进一步推进长三角地区改革开放和经济社会发展的指导意见》及《珠江三角洲改革发展规划纲要》在我国掀起了第一次区域物流一体化研究热潮。2015 年通过的《京津冀协同发展规划纲要》再次引发了理论界对区域物流一体化研究的热潮。经过对现有文献的梳理可以发现，我国区域物流一体化的研究以定性分析为主，从量化角度评价一体化发展进程与水平的研究十分少见，区域物流一体化研究理论体系并不完善，这将制约政府部门准确、及时掌握物流一体化发展的基本情况。

在京津冀协同发展的背景下，根据物流一体化各阶段的特性，评价京津冀物流一体化发展显得十分必要。进而京津冀物流一体化发展测度与评价就具有重大的理论意义与现实意义。针对我国区域物流一体化存在理论研究和量化研究略显不足的问题，本书旨在运用统计技术与手段，从定量分析入手，研究物流一体化评价方法，精准测度区域物流一体化发展进程与水平，以期一方面有助于降低物流成本、提高流通效率，另一方面有利于加速区域物流一体化进程。

本书从物流基础设施和物流信息化两个方面设置评价指标体系，测度京津冀物流一体化发展水平，主要内容分为十一章。第一章论述京津冀物流一体化研究的理论意义和实际意义，并提出主要研究思路；第二章梳理国内外学者对物流一体化、经济一体化的研究现状，为提出京津冀物流一体化评价指标体系提供理论依据；第三章描述京津冀地区主要物流基础设施发展现状；第四章构建京津冀物流基础设施一体化测度指标体系；第五章提出评价京津冀物流基础设施一体化评价指标体系权重；第六章测算京津冀物流设施一体化发展水平，并提出促进物流设施一体化发展建议；第七章梳理京津冀物流业管理者信息化现状；第八章梳理京津冀物流活动部门信息化现状；第九章构建京津冀物流信息一体化测算指标体系来对发展水平进行测算，并提出促进信息一体化的建议；第十章测度京津冀物流政策一体化发展水平；第十一章归纳本书的主要研究结论。

目 录

第一章

京津冀物流一体化发展测度与评价的研究意义

中共中央政治局 2015 年 4 月 30 日召开会议审议通过《京津冀协同发展规划纲要》，京津冀协同发展成为一项重大国家战略决策。物流业作为国民经济发展中的基础性、战略性产业，对京津冀经济发展起着举足轻重的作用，物流一体化是京津冀协同发展战略的重要内容，是促进京津冀地区城市化、信息化、市场化和国际化，以及提升综合竞争力的重要举措。政府部门精准把握京津冀物流一体化发展进程与水平，可以有效地引导京津冀三地的物流活动协同发展，实现物流产业对接。然而我国对区域物流一体化的研究仍以定性分析为主，从整体量化角度来评价一体化发展进程与水平的研究十分少见。因此，当务之急是研究适用于京津冀物流一体化发展的统计评价体系。

一、物流一体化发展测度与评价意义

京津冀物流一体化对推进区域物流规划、通关、信息和政策法规对接，推动区域内生产要素流动、资源互补共享，打造中部物流通道，增强京津冀综合实力和国际竞争力，实现京津冀经济全面协调可持续发展具有重大意义。

20 世纪 80 年代，西方国家提出物流一体化概念，随后传入中国，受到赵效民、李震中等的肯定，具有阶段性的观点，国内学者没有研究过物流一体化阶段性问题。我国学者区域物流一体化研究成果多为定性研究，量化研究成果十分匮乏，国内没有研究物流一体化的先例。在京津冀协同发展的背景下，根据物流一体化各阶段的特性，评价京津冀物流一体化发展显得十分必要。因此，京津冀物流一体化发展测度与评价具有重大的理论意义与现实意义。

1. 学术价值

本书拟解决京津冀物流一体化发展缺乏测度方法与评价体系的问题，这也是区域物流评价研究领域存在的共性问题。本书依据现有的区域经济一体化理论和物流一体化发展模式，借助现代统计测度与评价方法研究京津冀物流业一体化的发展进程与水平，弥补了区域物流一体化定量研究的不足，丰富区域物流一体化理论体系，为加快推进京津冀物流一体化发展、制定京津冀协同发展战略提供理论支撑。政府依据评价结果从物流信息网、基础设施、物流标准等方面制订物流一体化政策，加快实现京津冀地区物流一体化的发展目标。

2. 应用价值

京津冀物流一体化是一个长期过程，制定阶段发展计划、定期检查计划落实完成情况是保障物流一体化顺利实施的重要手段。本书对物流一体化发展阶段进行测度和划分，有利于监测物流一体化过程，反馈京津冀物流一体化进程中出现的问题，以便政府部门及时地调整相应政策。

京津冀物流一体化是多方参与、共同合作的重大战略，运用标准化手段评价三地物流一体化发展的水平可以有效引导、协调各方有序地融入京津冀物流一体化进程。政府牵头部门借助京津冀物流一体化评价体系进行评价，定期公布评价结果，让参与京津冀物流一体化各部门了解物流一体化发展阶段与水平，敦促物流一体化落后地区和机构，使各参与方齐头并进朝着京津冀物流一体化发展目标迈进。

二、测度与评价体系构建思路

1991 年美国出版的《美国联邦物流分析年鉴》，率先用物流指数研究物流行业发展状况。2000～2010 年，英国、日本、澳大利亚、中国和世界银行陆续发布了物流指数。我国的物流指数最早问世于 2005 年，截至 2016 年 12 月 31 日，国内公开发布七项物流指数，如表 1-1 所示。国内现有的物流指数侧重物流经济运行情况，还没有从制度、设施和信息一体化角度研究物流指数。虽然部分省份发布了物流指数，但是国内尚未发布打破省级行政界线、多省市联合的物流指数。笔者在梳理前期文献的基础上，提出京津冀物流一体化发展测度与评价研究的设想，为政府部门制定促进物流一体化的政策提供决策依据。

表 1-1　中国物流指数发布情况

名称	发布时间	发布机构
中国采购经理人指数	2005 年 4 月	国家统计局、中国物流与采购联合会
江苏物流指数	2012 年 3 月	江苏省经信委、江苏省现代物流协会
中国物流业景气指数	2013 年 3 月	中国物流与采购联合会、中国物流信息中心
甘肃物流景气指数	2014 年 4 月	甘肃省工信委
兰州商贸物流指数	2015 年 9 月	兰州市人民政府与中国物流城市联盟
中国公路物流运价指数	2015 年 6 月	中国物流与采购联合会
中国电商物流运行指数	2016 年 10 月	中国物流与采购联合会

京津冀物流一体化发展评价研究的突出特点是将阶段性与差异性引入评价研究。京津冀物流一体化发展进程所处的阶段不同，其评价要素就会有差异，必须围绕关键要素设置阶段性评价指标，体现一体化进程的阶段性。评价体系需要包含体现物流一体化进程的共同性指标及阶段性指标。

京津冀物流一体化发展评价体系还要体现一体化的实现要点。在评价指标的选取方面，要基于物流一体化的实现要点确定评价体系的维度。踪程等（2011）[①]、钱廷仙（2009）[②]、陶进等（2005）[③]、李国旗等（2012）[④] 国内众多学者认为京津冀物流一体化实现的关键要点包括物流基础设施一体化、信息网络一体化和发展政策一体化。物流基础设施可以确保物流业正常运行，保障城乡间与城市间物流设施的对接；物流信息一体化有助于促进物流和电子商务结合，配置物流资源；物流政策一体化是京津冀物流一体化的核心，有利于促进不同区域间的物流合作，整合跨区域的物流资源，逐渐形成区域物流一体化的格局。根据这三个实现要点确定的京津冀物流一体化发展指数评价体系包括三个分指数，如图1-1所示：物流基础设施一体化指数、物流制度一体化指数和物流信息一体化指数。

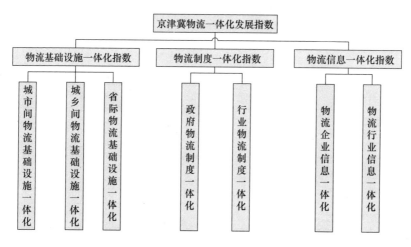

图 1-1 京津冀物流一体化发展评价体系

① 踪程，何继新. 京津冀区域物流一体化模式的建构策略探讨 [J]. 商业时代，2011（27）：41-42.

② 钱廷仙. 长三角物流一体化的推进 [J]. 特区经济，2009（10）：76-77.

③ 陶进，姚冠新. 长三角区域物流一体化与区域经济一体化互动机理及规划探讨 [J]. 商场现代化，2005（26）：317-318.

④ 李国旗，刘思婧. 珠三角经济区物流一体化动因、战略框架与合作模式研究 [J]. 工业技术经济，2012（5）：88-95.

1. 物流基础设施一体化指数

物流基础设施一体化指数评价指标应该重点反映物流城市节点之间，城乡间以及省际物流基础设施一体化程度，具体包括公路、铁路、港口和机场等基础设施。目前，虽然京津冀区域交通基础设施门类齐全，但是基础设施重复建设、布局不均衡的问题仍然比较突出。在经济相对发达的城市，物流基础设施重复配置，而在农村地区物流基础设施却十分匮乏，无法为农村物流的健康发展提供有力保障[①]。从节点城市间、城乡间、省际公路、铁路、港口和机场互联互通情况入手，设计评价物流基础设施一体化的指标，有助于优化重组现有物流设施，打通物流通道，提高流通效率。

2. 物流制度一体化指数

物流制度一体化指数评价指标着重反映政府与行业的物流政策一体化程度。物流没有地域的特性和行政区域划分是一对天然的矛盾[②]。北京、天津、河北隶属于三个相同行政级别的区域，政府和行业在制定政策规划时，只能各自规划本区域的经济和物流业。从政府和行业两个层面梳理制约区域物流业一体化的政策法规和体制方面的问题，设计评价制度一体化的指标，有助于打破行政区划的界线，做到遵照经济区划和物流业发展的客观规律，促进物流区域发展。

3. 物流信息一体化指数

物流信息一体化指数评价指标侧重考察物流企业和物流行业信息平台搭建情况。搭建物流信息平台是实现区域物流信息一体化的重要举措。目前，京津冀物流信息化水平相对较低，物流信息系统和公共物流信息平台标准不一，设计物流信息一体化评价指标有助于实现物流信息系统之间的信息共享、系统集成以及各类信息通道之间的互通互联。

---

① 周程，陶君成. 新常态下湖北省城乡物流一体化整合与创新途径［J］. 物流技术，2015（15）：48-50+99.

② 丁俊发. 打好京津冀物流一体化这一仗［J］. 中国物流与采购，2014（6）.

综上所述，构建评价体系的基本思路可以归纳为：围绕物流基础设施一体化、物流制度一体化以及物流信息一体化三个关键维度设计初级评价指标体系，甄选具有可操作性和科学性的指标，确定京津冀物流一体化发展水平最终评价体系，并结合京津冀物流一体化三个发展阶段的特点制定包含共同性和阶段性指标的评价标准。

三、研究的难点与解决方案

我国区域物流一体化的定量研究较少，京津冀物流一体化发展水平测度与评价体系尚处于理论研究初期，编制工作将面临诸多难题。例如，理论概念的界定、数据资料的获取以及一体化进程的测度。针对上述难题本书给出了两种解决方案以供参考。

首先，在明确界定京津冀物流一体化发展的基础上构建评价指标体系。基础概念的理解对京津冀物流一体化发展评价指标体系的建立起着至关重要的作用，必须在准确把握物流一体化内涵和外延的基础上建立有效的评价指标体系。京津冀物流一体化发展进程所处的阶段不同，其评价要素就会有差异，必须围绕关键要素设置阶段性评价指标。

其次，利用大数据挖掘技术来收集、分析海量数据，挖掘有价值的评价指标。宏观物流行业的统计数据分布在工商、税务、交通等部门中，必须将这些数据整理成统计口径一致，具有系统性、可比性的资料才能设计评价指标。微观物流企业的数据只有通过问卷调查或者利用网络爬虫、文本挖掘等技术，从各网页、论坛中获取物流企业、客户对于京津冀物流基础设施、物流信息网络、物流政策的评论资料来进行评价指标设计。

第二章

物流一体化研究现状

20世纪初，国内学者开始区域物流一体化研究。2008年起，《国务院进一步推进长三角地区改革开放和经济社会发展的指导意见》《珠江三角洲改革发展规划纲要》《京津冀协同发展规划纲要》等一系列政策发布掀起了我国区域物流一体化研究热潮。准确测度区域物流一体化发展进程可以积极引导区域物流活动协同发展，促进京津冀协同发展。然而我国区域物流一体化量化研究较少且相关研究理论体系并不完善，这无疑制约了政府部门把握物流一体化发展的基本情况。本章在评述区域物流一体化研究内容、存在问题的基础上，提出未来研究的发展趋势，为今后区域物流一体化研究提供参考。

一、区域经济一体化研究

"经济一体化"这个专有名词最早出现在20世纪40年代的西欧。荷兰经济学家丁伯根在《论经济政策》中首次提出，"经济一体化就是将有关阻碍经济最有效运行的人为因素加以清除，通过相互协调和统一，创造最有效的经济结构"。经济学家巴萨在《经济一体化理论》中指出，"一体化是一种进程，又是一种状态"。他从行为和手段的角度描述经济一体化，但没有指出经济一体化的目的或效果。宾德的研究指出，经济一体化就是消除成员部门、经济部门间的歧视，制定和实施共同政策的过程。美国经济学家雅各布·维纳系统地提出了关税同盟理论，提托夫斯基和德纽在此基础上又进一步提出了大市场理论。罗布森将政策一体化看作一体化的最高阶段。1969年，区域经济一体化被引申到共同市场层次，一些研究将经济一体化同产业部门的融合、政策和行政的统一联系起来，赋予了区域经济一体化研究新意。

维纳对区域经济一体化理论的贡献最大。他在《关税同盟问题》中开创性地提出"贸易创造"和"贸易转移"两个新概念，使关税同盟理论从定性研究发展到定量研究，国外理论界对区域经济一体化研究都以关税同盟理论为基础和核心内容。区域经济一体化理论已经形成了丰富的理论体系，代表性理论有：自由贸易区理论、共同市场理论、协议分工理论等。新经济地理学成为区域经济一体化的发展趋势之一。1988年，马洛和蒙蒂斯开始强调传统经济地理因素的重要性。Paul R. Krugman 在《地理学贸易》中首次提出新经济地理学概念，从经济活动的地理现象中考察区域经济一体化进程中的产业集中问题。国外区域经济一体化研究为我国划分京津冀物流一体化进程和从空间分布测度物流一体化发展提供了理论依据。

国内理论界关于区域经济一体化的研究起源于都市经济圈问题。法国地理学家戈特曼提出了"大都市经济圈"概念，大都市圈已经成为衡量区域经济一体化的重要标识。都市经济圈空间结构变化模式一直是国内外学界关注的焦点，日本学者富田和晓的离心扩大模式、小长谷（1998）的生命周期模式以及川岛（2001）的空间循环模式都是颇具代表性的理论，对我国都市圈空间布局研究具有指导意义。齐德印（2011）、李乔（2014）、舒慧琴（2008）等学者研究了纽约都市圈、京滨都市圈、伦敦都市圈的发展历程、基础设施、管理制度，这三大都市圈的发展模式为京津冀物流一体化提供了值得借鉴的经验。

二、区域物流一体化的研究内容

国内学者大多从政府管理者的角度研究区域物流一体化问题，研究主要围绕物流一体化必要性、影响因素、实施措施三个方面开展。

1. 区域物流一体化是城市集群发展与区域经济发展的必然要求

区域物流一体化是促进区域城市化、信息化、市场化和国际化，提升综合竞争力的重要举措。研究者通常从城市集群发展与区域经济发展两个方面论述区域物流一体化的必要性。法国地理学家戈特曼提出了"大都市经济圈"概念，将区域发展分为四个阶段，进入第四阶段即空间一体化后，便形成了城市集群，物流一体化是城市集群背景下的必然产物。齐德印（2011）、舒慧琴等（2008）等学者研究了纽约都市圈、京滨都市圈、伦敦都市圈的发展历程、基础设施、管理制度后发现，三大都市圈的发展历程证明了区域物流一体化是城市集群发展的必然要求。

区域物流一体化与经济发展之间存在密切的关系。焦文旗（2008）认为区域物流一体化有利于宏观经济发展、区域产业资源整合，有助于区域经济发展整体竞争能力提升。尹叶青（2013）通过实证分析验证了物流一体化与经济增长之间存在显著的关系，物流一体化的发展会带动国内生产总值的提高，国内生产总值的提高也会相应提高物流一体化的程度。吴娜（2014）基于耦合进化理论研究发现，物流一体化与区域经济发展之间存在双向因果关系，物流一体化有利于提高经济效率，同时经济发展又影响物流一体化程度。

上述研究成果充分论证了区域物流一体化是社会与经济发展的必然趋势，为今后研究的可持续性奠定了坚实的基石。

2. 三大因素制约区域物流一体化进程

我国学者普遍认为，制度不统一、利益冲突以及设施落后是制约区域物流一体化发展的障碍。钱廷仙（2009）认为，行政壁垒、利益冲突、交通信息阻隔是物流一体化存在的主要问题；康贻建（2006）认为，条块分割的物流体制、落后的物流基础设施与技术、不充分的快速交通体系是物流一体化进程中的主要障碍；丁俊发（2014）认为，制度约束是物流一体化的主要障碍，利益合理分配是物流一体化的关键。

制度不统一造成了物流行业管理中存在条块分割、部门分割、多头管理、重复建设等种种问题，阻碍了物流一体化进程。物流没有地域的特性和行政区域划分是一对天然的矛盾。制定物流规划与制度时，只能各自规划本区域的经济、规划本区域的物流，区域间的利益协调难度较大。

政府、物流企业、物流园区、行业协会、公众等主体间的利益冲突是导致我国区域物流一体化实际进展缓慢的原因。众多主体之间的利益冲突难以协调，行政壁垒问题突出、治理与监管机制缺位等问题导致"消极一体化"，区域物流规划与实施的"政府主导"模式具有明显"一厢情愿"的特征。

交通一体化是物流一体化的重要标志，区域物流信息平台的建设是发展区域物流一体化的核心和关键，但是落后的交通和信息化设施制约了区域物流一体化发展。城市群之间的铁路和高速公路联系通道还不能满足一体化联动发展的需要。由于缺乏统一的数据标准、接口标准和应用标准，物流信息不能实现互联互通，同时物流资源无法实现有效配置。

上述研究成果全面分析了我国物流一体化的制约因素，为有针对性地制定消除障碍的措施，提出实现物流一体化的发展模式提供了充分的依据。

3. 三大措施助力实现区域物流一体化发展目标

区域物流一体化发展措施是重点研究领域，众多学者认为实现物流一体化发展目标有以下三个重要措施：物流基础设施一体化、物流制度一体化、物流信息一体化。踪程（2011）提出，从基础设施、政策机制、物流市场准入和物流信息平台建设出发构建区域物流一体化基本框架。钱廷仙（2009）认为，建立协调机制，做好物流规划对接，推进物流通关一体化、物流信息一体化是促进物流一体化发展的重要举措。陶进等（2005）提出，物流基础设施平台、物流信息平台、物流发展政策平台构成区域物流活动运转的支持体系。李国旗等（2012）认为，物流一体化实现的关键在于科学的协调机制和完备的物流业政策体系。

物流基础设施是现代物流业正常运作的根本保障，确保城乡间、城市间物流设施对接才能实现区域物流一体化。目前，在经济相对发达的城市，物流基础设施重复配置，而农村地区物流基础设施却十分匮乏，无法为农村物流的健康发展提供有力保障。因此，加强物流城市节点之间、城乡间物流基础设施建设，包括交通基础设施以及物流园区、配送中心等基础设施的建设，是促进物流设施一体化发展的重要措施。

从政府和行业两个层面梳理制约区域物流一体化的政策法规和体制方面的问题，打破行政区划的界线，按照经济区划和物流业发展的客观规律，促进物流区域发展。积极推进和加深不同地区之间物流领域的合作，引导物流资源的跨区域整合，逐步形成区域一体化的物流格局。

搭建物流信息平台是实现区域物流信息一体化的重要举措。康贻建（2006）建议由区域级的协调会牵头，在城市之间建立高效的物流信息平台，实现全线各城市物流的信息化管理，合理调配物流资源，使信息网络和实物配送网络两网合一。陶进等（2005）认为，应在区域内建设统一的物流信息网络平台，实现物流信息系统之间的信息共享、系统集成以及各类信息通道之间的互通互联。

上述研究成果从三个方面分析了实现区域物流一体化的可能性和实现要点，为推进区域物流一体化进程提供了路径。

三、区域物流一体化研究中存在的问题

我国学者对区域物流一体化的影响因素、实现路径等实践问题开展了较

为全面的研究并取得了丰富的成果，但是理论研究和量化研究略显不足，相关研究还存在以下几个方面的问题。

1. 理论体系不完善

区域物流一体化属于经济一体化研究的分支，荷兰经济学家丁伯根在《论经济政策》中首次提出"经济一体化"，经过几十年的发展，已经形成了丰富的相关理论体系，代表性理论有自由贸易区理论、共同市场理论、协议分工理论等，这些成熟理论为区域物流一体化研究打下了坚实的理论基础。

然而，综观国内区域物流一体化研究不难发现，大多成果集中在影响因素、实施措施等经验层面分析领域，没有把在实践中获得的认识和经验加以概括和总结，从而形成区域物流一体化理论体系。在近百篇文章中只有寥寥几篇从理论层面探讨区域物流一体化问题。例如，李国旗（2013）在区域经济一体化的理论基础上，从内部动力、外部动力及中间融合力三个层面分析区域物流一体化的动力作用机制。邢虎松（2011）利用聚集规模经济、协同学等理论分析区域物流一体化形成和发展的动因。这些研究成果距离形成区域物流一体化理论体系还有很远的距离。由于缺乏完备的理论体系，现有的研究只能停留在经验的总结与归纳层面，无法用系统性、逻辑性的理论有效地指导区域物流一体化进程。

2. 区域物流一体化概念亟待统一

从 20 世纪 80 年代开始，美、日、欧等发达经济体开始了一场对各种物流功能、要素进行整合的物流革命研究，率先提出了物流一体化的概念，并将其划分为三个层次：企业内部物流一体化、企业间物流一体化和区域间物流一体化。国外学者虽然提出了区域物流一体化的概念，但是对其的研究甚少。他们主要研究企业间物流一体化问题。Roland Y.G. Lim 等（2012）、Cristina Gimenez（2006）、Shang（2009）采用问卷调查法收集企业数据，利用聚类分析、结构方程模型等方法分析了企业物流一体化的模式、发展阶段以及影响因素等。

国内学者对于区域物流一体化的内涵与外延尚未开展系统、全面的研究，对概念的诠释并不统一。基于现有文献可以发现，国内区域物流一体化的概念有以下三个要点：一是物流一体化要依托区域一体化的发展大环境，二是必须优化整合物流资源，三是要实现物流业与其他产业协同发展的目标。邢虎松（2011）将区域物流一体化的内涵定义为：充分利用区域内部现有的物流资源，对区域内的物流通道、物流节点、物流信息、物流市场、物流人才、物流政策措施等物流资源进行统一的协调规划与配置，并共同实施，实现共赢。来亚红（2005）认为，区域物流一体化是指在一定经济区域内，为了适应区域经济一体化的发展，达到提高物流效率、降低物流成本的目的，区域物流体系各组成部分通过合理分工和协作互补，对区域物流资源进行优化整合和一体化运作而形成的设施完备、功能齐全、服务优化、高效低耗有机的整体。虽然国内学者以不同的表述方式对区域物流一体化做出了解释，但是其基本概念在内容与形式上尚未达成一致，制约了区域物流一体化理论体系的构建。

3. 量化研究成果比较匮乏

我国学者在区域物流一体化研究领域取得了一定的研究成果，但是这些研究成果多为定性研究，量化研究成果十分匮乏，采用定量分析方法的文章不足 1/10。这些量化成果主要围绕着两个主题：一是区域物流一体化与经济发展关联研究；二是区域物流一体化评价研究。

在公开发表的文章中，仅有李国旗（2013）、尹叶青（2013）和吴娜等（2014）利用量化方法研究了物流一体化与区域经济发展之间的关系，从定量角度阐明了区域物流一体化对区域经济发展的贡献。李国旗以八个城市为研究对象，测算了物流业发展指标与地区经济指标的相关系数，论证了区域物流一体化对区域经济的推动作用；尹叶青利用灰色关联法分析了物流一体化与经济增长的关系；吴娜等利用协整分析法研究了东、中、西三个区域物流一体化对区域经济的影响。此外，区域物流一体化评价研究成果相对较少，相关论文不足十篇。例如，程永伟等（2016）采用整体发展高度、发展均衡性、协调性三要素构造京津冀物流一体化水平测算模型；卢美丽（2012）运用层次分析法建立评价指标体系，对物流一体化程度进行了评价；段海卞（2015）运用因子分析法对山西省城乡物流一体化发展水平进行了评价。缺少量化研究成果不但制约了我国完善区域物流一体化理论体系的进程，而且不利于政府部门及时准确地监测物流一体化发展情况。

四、小结

综上所述，区域经济一体化和物流一体化研究起源于欧美发达国家，西方学者比较注重纵向物流一体化研究，对区域物流一体化研究较少，国内外经济一体化研究为区域物流一体化奠定了理论基础。我国区域物流一体化存在理论研究和量化研究略显不足的问题，未来应该在以下两个方面开展研究：

1. 继续完善区域物流一体化理论体系

基于现有学者对区域物流一体化的多种解释，提炼共同要点，尽快统一基本概念，为构建区域物流一体化理论体系奠定基础。融汇经济学、管理学理论，形成区域物流一体化理论体系。运用经济学规律，研究物流资源最优配置，促进区域经济可持续发展；根据管理学理论，研究要实现区域物流一体化目标应如何有效协调人、财、物等因素，设计合理的实施路径。

2. 将量化思维引入区域物流一体化研究体系

运用统计技术与手段，从定量分析入手，研究物流一体化评价方法，精准测度区域物流一体化发展进程与水平，不仅有助于降低物流成本、提高流通效率，还有利于加速区域物流一体化进程。

>>> **第三章**

京津冀物流基础设施发展现状

　　物流基础设施一体化与交通设施一体化密不可分，交通设施体系是物流基础设施的重要组成部分。随着我国国民经济的快速发展，我国物流业的发展也蒸蒸日上。过去滞后的交通运输服务已经没办法满足现在物流业的发展需要，因此我国的交通运输行业也随之蓬勃发展。2015年12月8日，国家发展改革委和交通运输部联合召开媒体通气会，发布《京津冀协同发展交通一体化规划》(以下简称《规划》)。《规划》提出，扎实推进京津冀地区交通的网络化布局、智能化管理和一体化服务，到2020年基本形成多节点、网格状的区域交通网络。构建一体化交通，一方面为京津冀协同发展提供支撑，提升运输服务，为打造世界级城市群提供保障，另一方面也为促进京津冀物流一体化提供了重要的物质基础。物流基础设施是指在供应链的整体服务功能上和供应链的某些环节上，满足物流组织与管理需要的、具有综合或单一功能的场所或组织的统称。主要包括公路、铁路、港口、机场、物流园区等。本章将着重分析京津冀地区各种物流设施的现状。

一、铁路运输发展现状

(一)京津冀铁路路网基本情况

　　京津冀地区主要的既有铁路有京津城际、京沪高速，在建铁路有京唐城际、京秦城际，计划建的有京石城际、京邯城际，部分铁路干线基本信息如表 3-1 所示。京津冀城际铁路网以北京、天津、石家庄为三大核心城市，在北京、天津、河北全省内建设能够形成"四纵四横一环"的城际铁路交通网络系统，计划新建 24 条城际铁路干线，计划里程达 3453 公里。

京津城际于 2005 年 7 月投入建设，历经 3 年的工程建设，在 2008 年 8 月开始运营，投资总额达 132.24 亿元，全长 113.54 公里，是中国第一条时速达到 300 公里 / 时以上的铁路干线。京沪高速铁路于 2008 年 4 月开工建设，2011 年 6 月投入使用，是历经 3 年时间建设的一条高标准的高速铁路，共设立了 23 个车站，全长 1318 公里，贯穿北京、天津、上海三个地区，投资总额约 2209 亿元，最高运行时速达到 350 公里 / 时（见表 3-1）。

表 3-1　京津冀铁路干线基本信息

铁路干线	铁路里程（公里）	运行速度（公里 / 时）	投资总额（亿元）	开工建设时间	投入使用时间
京津城际	113.54	300	132.24	2005-07	2008-08
京沪高速	1318	350	2209	2008-04	2011-06
京唐城际	148.74	350	425.69	2016-12	2021-08
京石城际	297	300	438.7	2018	2020

京唐城际于 2016 年 12 月 29 日开工，预计在 2021 年 8 月 31 日完成建设，线路全长 148.74 公里，设计的最高时速为 350 公里 / 时，投资总额为 425.69 亿元，一旦建成将成为京津冀地区与渤海地区合作交流的重要桥梁。京秦城际是京唐城际的延伸，线路总长为 290 公里，建成之后，北京到秦皇岛的运行时间将缩短为一个小时左右。同时，北京是全国政治、经济、文化、科技的中心，唐山作为京津唐工业基地中心城市的同时也是全国的文明卫生城市，而秦皇岛是沿海城市，是世界上最大的能源输出港口。京秦铁路将连接这三座各有优势的特大城市，进一步推动京津冀地区的经济发展与文明建设。

京石城际是在河北省"十三五"规划中提出的一条京津冀地区连接北京与石家庄的重要铁路干线，计划在2018年上半年开工建设，预计在2020年竣工并且正式投入使用，计划全长297公里，设计运行的时速为300公里/时。京石城际作为一条客运专线，站点较多，更加便捷，能够有效缓解京津冀地区的交通压力。京邯城际其实是由京石城际与石邯城际两段组成的一条城际铁路，计划全长为481.7公里，主要途经北京、石家庄、邢台、邯郸等城市，能够有效加强京津冀地区人口流动的秩序性。

铁路作为国民经济的大动脉和国家重要的基础设施，在我国全面建成小康社会的进程中肩负着重要的历史使命。本书运用《中国统计年鉴》中1998～2015年的铁路长度、铁路货运量及铁路货运周转量三个指标来反映京津冀地区的铁路现状。由于接下来会多次使用这三个指标，此处对其进行简单解释。长度：顾名思义，是某个地区某种交通线路的总长度；本书中的铁路长度是指铁路营业里程。货运量是指运输企业在一定的时期内实际运送的货物数量。货物周转量是指一定时期内，运输部门实际运送的货物的吨数和它的运输距离的乘积。

在铁路方面，铁路在这三个地区近几年的货运量均有所下降，主要因素有以下几个方面：

第一，空气污染治理。近几年，京津冀地区的空气污染问题一直是社会比较关注的问题，政府为了解决这个问题采取了一系列的措施，"煤改气"就是其中一项。众所周知，煤炭运输占据铁路运输很大一部分市场，这一举措显然对几条京津冀地区的铁路运输造成了很大的影响。

第二，铁路运输的发展与大宗货物的发展也有一定的联系。一些数据显示，我国近年来的大宗货物发展速度明显有所降低，"源头"产品的减少难免会影响到整个铁路运输的发展，从而导致京津冀地区铁路运输货运量的减少。

第三，该地区的经济发展水平，主要包括该地区的GDP、人均消费水平等。铁路运输具有价格低的优势，但与此同时也具有效率偏低的劣势。随着人们经济水平的不断提高，价格渐渐不是人们考虑的第一因素，在目前快速运转的社会，人们更加偏好于高效率的运输方式。

我国进入经济新常态以来，随着产业结构的升级，铁路运输需求放缓；但是铁路具有价格低、运量大、稳定性强等技术经济特征，所以在长距离、区际运输中，铁路依然起着很重要的作用。

（二）北京铁路的发展现状

1. 北京铁路长度曲线走势平稳，整体呈现递增的趋势

如图3-1所示，北京铁路长度曲线走势平稳，整体呈现递增的趋势，但是幅度不大，最低点在1998年，具体值为1069公里，最高点在2015年，具体值为1284.8公里。

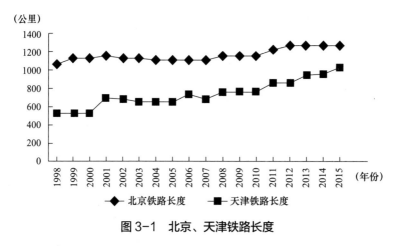

图3-1 北京、天津铁路长度

2. 北京铁路货运量整体呈现下降的趋势

北京铁路货运量整体呈现下降的趋势，其在2000年之前呈现递增的状态，在2000年之后，除了2014年呈现增长的趋势，其余均是逐年递减的。冯璐曾对产业结构变动对铁路货运的影响进行了多元回归分析，结果表明，铁路货运量对第二产业的依赖程度远远大于对第一、第三产业的依赖程度，

这同时说明铁路货运量的来源过于单一。如表 3-2 所示，2001 ~ 2015 年第二产业的贡献率呈下降的趋势，尤其是在 2008 年，仅为 2.4%，之后有所回升，但是整体走势仍是下降的。由此可见，北京铁路货运量的升降和第二产业产值有很大的联系。除此之外，其他交通运输方式在运输大宗货物时受到能力限制，因此煤炭和钢铁业的发展很大程度上影响着铁路货运量。据了解，由于原煤产量增幅减小以及近年来钢铁产能过剩等，铁路货运量降低，另外，由于 2008 年奥运会的"煤改气"等空气污染治理措施，北京铁路货运量在 2008 年之后以更快的速度降低了。

表 3-2　北京三次产业贡献率　　　　　　　　单位：%

年份	地区生产总值	第一产业	第二产业	第三产业	工业
2001	100.0	0.8	26.7	72.5	23.3
2002	100.0	0.5	23.4	76.1	18.0
2003	100.0	−0.2	33.4	66.8	28.0
2004	100.0	−0.1	37.9	62.2	35.4
2005	100.0	−0.3	26.9	73.4	24.1
2006	100.0	0.1	23.5	76.4	17.9
2007	100.0	0.2	24.9	74.9	21.4
2008	100.0	0.1	2.4	97.5	0.6
2009	100.0	0.4	26.5	73.1	18.6
2010	100.0	−0.1	34.4	65.7	30.7
2011	100.0	0.1	19.7	80.2	18.1
2012	100.0	0.3	22.9	76.8	17.6
2013	100.0	0.3	24.3	75.4	19.6
2014	100.0	0.0	21.7	78.3	16.0
2015	100.0	−1.1	10.9	90.2	2.7

北京铁路货运周转量在 2009 年之前增长比较快，2009 ~ 2014 年增速有所下降，在 2009 年和 2015 年呈现负增长。货运周转量是一定时期内，运

输部门实际运送的货物的吨数和它的运输距离的乘积。因此，货运周转量的变动，一部分由货运量决定，另一部分由运输距离决定。由上述分析可以发现，北京铁路货运周转量的变动和三大产业的贡献率，尤其是第二产业的贡献率紧密相关，除此之外和大宗货物的发展也有千丝万缕的联系。如图3-2、图3-3所示，北京铁路货运量和北京铁路货运周转量的整体变化趋势是相反的；前者整体呈下降的趋势，而后者整体呈现上升的趋势，这说明货物的平均运输距离越来越大，间接地说明了北京铁路基础设施更加完善、运程更远等优势。

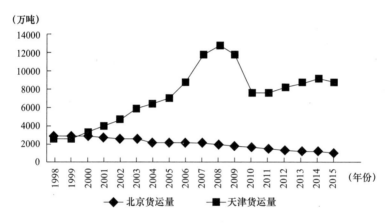

图3-2　北京、天津铁路货运量

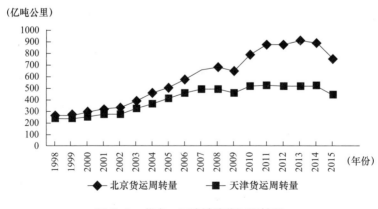

图3-3　北京、天津铁路货运周转量

（三）天津铁路的发展现状

1. 天津铁路长度增幅大于北京

如图3-1所示，从整体上看，天津铁路长度呈现增长的趋势，而且其增长的幅度要比北京铁路长度增长的幅度大。天津铁路长度在1998 ~ 2000年趋于平稳并伴随小幅度增加；2000 ~ 2001年出现大幅度的增长；2001 ~ 2005年趋于平稳并有小幅度降低；2005 ~ 2015年，除了在2006年出现了下降的现象，其余各年均处于稳步增长或者保持不变的状况。

2. 天津铁路货运量总体波动比较大

如图3-2所示，天津铁路货运量总体波动比较大。其具体阶段可以分为四个部分：第一阶段为1998 ~ 2008年，天津铁路货运量增加极为迅速，短短几年间从2467万吨增加到12210万吨，于2008年达到最大值；第二阶段为2008 ~ 2010年，天津铁路货运量出现剧烈下降，两年间从12210万吨降到7242万吨；第三阶段为2010 ~ 2014年，天津铁路货运量趋于平稳且逐年增长；第四阶段为2014 ~ 2015年，天津铁路货运量出现下降趋势。如表3-3所示，第一、第二产业生产总值对于天津铁路货运量的走势影响并不明显，铁路货运量与第三产业生产总值在95%的置信区间内是呈负相关关系的。在2008年，天津铁路货运量出现很大的波动，但是2008年及其前后几年的第二产业生产总值均呈稳步上升态势，并未出现巨大的波动。《关于北京奥运会对各行业的影响调查报告》中研究发现，2008年奥运会对于北京的环境保护是非常重视的，采取了"煤改气"、新能源开发、机动车排气污染防治等措施，由于天津距离北京过近，难免受到影响。为了保证奥运期间主赛场和分赛场的空气质量，很多不达标的企业被减产甚至停产，因此2008年全国主要企业的煤炭消费水平有所下降，煤炭运输作为铁路货物运输的主心骨，自然受到了剧烈的冲击。大宗货物的发展水平对于天津铁路货运量在近18年的影响还是比较大的。

如图 3-3 所示，天津铁路货运周转量在 1998 ~ 2015 年呈现增长的趋势，但在 2008 年、2009 年、2012 年以及 2015 年四个年份中呈现负增长的趋势。正如上述对于北京铁路货运周转量的分析，天津铁路货运周转量和北京铁路货运周转量类似，处于比较稳定的增长之中，在其中的某些年份中有下降的趋势。不同的是，天津铁路货运量波动比较大，即使在 2008 年之后虽有回升，但增长速度远不如前，并且一直未回到之前的水平。但是，天津货运周转量受到的影响比较小，从整体上说明天津铁路基础水平有很大的提高（见表 3-3）。

表 3-3　天津铁路货运量回归结果

Variable	Coefficient	Std. Error	t-Statistic	Prob.
C	−3298.671	6342.818	−0.520064	0.6111
X1	102.9293	94.69209	1.086990	0.2954
X2	3.050434	1.587195	1.921903	0.0752
X3	−4.101331	1.483776	−2.764118	0.0152
R-squared	0.576879	Mean dependent var		7003.733
Adjusted R-squared	0.486210	S.D. dependent var		2980.549
S.E. of regression	2136.432	Akaike info criterion		18.36479
Sum squared resid	63900807	Schwarz criterion		18.56265
Log likelihood	−161.2831	Hannan−Quinn criter.		18.39207
F-statistic	6.362479	Durbin−Watson stat		0.732312
Prob（F-statistic）	0.006050			

注：Y 代表天津铁路货运量，X1 代表第一产业生产总值，X2 代表第二产业生产总值，X3 代表第三产业生产总值。

（四）河北铁路的发展现状

1. 河北铁路货运量波动较大

如图 3-4 所示，河北铁路长度总体呈递增趋势，在 1999 年、2004 年、2005 年三个年份稍有回落，在 2015 年达到最大值，为 6958.1 公里。

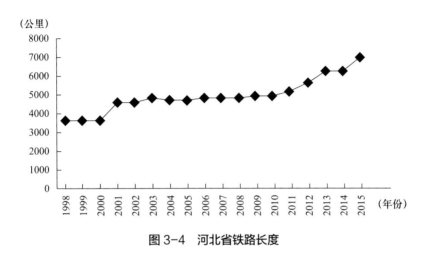

图 3-4　河北省铁路长度

　　河北铁路货运量波动比较大，大致可以分为五个阶段：第一阶段为 1998 ~ 2005 年，河北铁路货运量增速比较快，除了在 2003 年稍有回降之外，其余各个年份逐年递增；第二阶段为 2005 ~ 2006 年，河北铁路货运量极速下降；第三阶段为 2006 ~ 2009 年，这几年走势平稳；第四阶段为 2009 ~ 2013 年，河北铁路货运量再次出现快速增长状态，在这几个年份逐年递增并在 2013 年达到最高值 22469 万吨；第五阶段为 2013 ~ 2015 年，河北铁路货运量出现快速降低状态。如表 3-4 所示，在 75% 的置信水平下，河北铁路货运量与第一产业生产总值以及第三产业生产总值的相关关系不够显著；与第二产业生产总值以及工业生产总值具有显著的相关关系。如图 3-5 所示，2008 奥运会对于河北铁路运输量的影响并不像对北京和天津那么明显，相反地，河北铁路运输量在 2006 ~ 2009 年走势较为平稳。与北京和天津两地相同的是，河北铁路货运量在 2013 年之后出现了下降的趋势，这与我国环境污染治理以及"煤改气"等措施有关，除此之外，与煤炭、钢铁等大宗物品的发展水平也脱不了干系，毕竟大宗货物运输是铁路运输的主要业务。

表 3-4 河北省铁路货运量回归结果

Dependent Variable：Y

Method：Least Squares

Date：12/24/17 Time：21：34

Sample：1998 2015

Included observations：18

Variable	Coefficient	Std. Error	t-Statistic	Prob.
C	9186.180	2705.415	3.395479	0.0048
X1	4.685012	7.427579	0.630759	0.5391
X2	17.11790	13.50332	1.267681	0.2271
X3	−3.117713	1.647216	−1.892716	0.0809
X4	−17.07996	13.53252	−1.262142	0.2291
R−squared	0.857680	Mean dependent var		16289.52
Adjusted R−squared	0.813889	S.D. dependent var		3211.806
S.E. of regression	1385.593	Akaike info criterion		17.53578
Sum squared resid	24958275	Schwarz criterion		17.78310
Log likelihood	−152.8220	Hannan−Quinn criter.		17.56988
F−statistic	19.58580	Durbin−Watson stat		0.897019
Prob（F−statistic）	0.000021			

注：Y 代表河北铁路货运量，X1 代表第一产业生产总值，X2 代表第二产业生产总值，X3 代表第三产业生产总值，X4 代表工业生产总值。

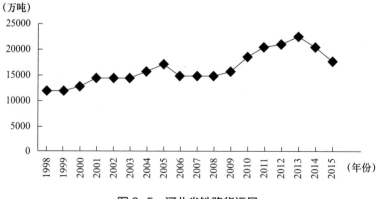

图 3-5 河北省铁路货运量

2. 铁路货物周转量基本走势比较平稳

河北铁路货运周转量稳步增长，但在 2009 年和 2015 年出现略微回落的状况，于 2013 年达到最大值（见图 3-6）。和北京、天津两市类似，河北省铁路货运量波动较大，但是铁路货物周转量走势比较平稳，说明三个地区的运输量还是比较平稳并且稳步增长的。地区货运量反映着地区的需求，而地区货运周转量反映的是运输量，这说明河北地区的运输量还是比较平稳的。

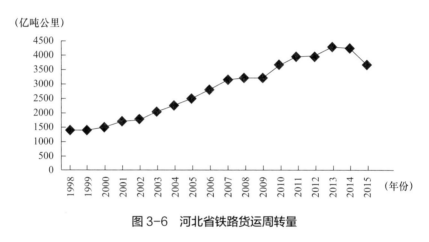

图 3-6　河北省铁路货运周转量

图 3-7 为北京、天津、河北 1998 ~ 2015 年货运量的总和占这三个地区总货运量的比例。其中，河北货运量占比最大，为 64%；天津货运量占比次之，为 28%；北京货运量占比最少，仅为 8%。

图 3-8 为北京、天津、河北 1998 ~ 2015 年货运周转量的总和占这三个地区总货运周转量的比例。其中占比最大的是河北货运周转量，其值达 74%；北京货运周转量次之，占比为 15%；天津货运周转量仅占总量的 11%。

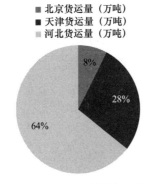

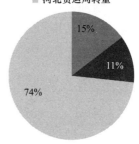

图 3-7　京津冀三地货运量构成　　　　　图 3-8　京津冀三地货运周转量构成

二、公路运输发展现状

我国公路物流的发展距今已经有几十年的历史，公路运输在整个交通运输中发挥了不可或缺的基础作用：一方面，公路运输在整个运输业中占据着很大的比例；另一方面，公路运输往往是物流服务的最终完成者。王富忠认为，公路运输量的发展是公路物流发展水平的标志。京津冀地区的公路货运量近几年处于快速增长之中，但均在 2015 年稍有回落的现象，类似于前文对于铁路运输的分析，影响京津冀地区公路运输货运量的因素有如下几个方面：

第一，一些中小型商品的发展对于公路运输有着比较大的影响，例如近几年发展迅速的线上交易、网上购物等，对于整个运输行业都有巨大的推动作用，尤其是对公路运输。

第二，公路运输往往是物流服务的最终完成者。公路运输不仅适用于长距离的运输，也适用于短距离的运输，这一点是铁路运输和航空运输所达不到的，从这一点也可以看出公路运输在整个交通运输中所发挥的基础作用。

第三，从相关数据可以看出，公路运输货运量远大于铁路和航运的货运量。笔者认为有两点可以对此进行解释：一是产业结构的变化，重工业的发展逐渐减缓，这使得公路运输相比铁路运输有一定的优势；二是与航运相比，公路运输在价格上具有一定的优势。

（一）北京及天津公路现状

1. 京津两地公路里程增长迅速

如图 3-9 所示，北京公路长度和天津公路长度整体上都处于增长的趋势。不同的是，北京公路长度在 2006 ～ 2007 年增长迅速，其他年份处于平缓的增长状态。至 2015 年底，北京公路总里程 21885 公里，较上年增长 0.16%，其中高速公路为 982 公里，公路密度达到 133 公里 / 百平方公里。

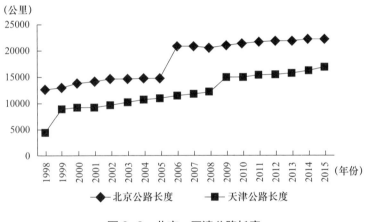

图 3-9　北京、天津公路长度

天津公路长度在 1998 ～ 1999 年、2008 ～ 2009 年增长较为迅速，其他年份稳步增长。至 2015 年底，天津市公路通车总里程 16550 公里，较上年增长 2.73%，其中高速公路为 1130 公里，较上年增长 1.55%；普通国省干线公路 2540 公里，农村公路 12880 公里，初步建成布局合理、层次分明、干支协调、衔接顺畅的三大路网体系。

2. 货运量波动比较大

如图 3-10 所示，北京和天津的货运量波动都比较大。北京货运量在

1999 年、2007 年、2013 年、2015 年四个年份均出现了负增长的情况，尤其是在 2007 年货运量由这些年间的最大值 30953 万吨降至最小值 17872 万吨，波动异常之大。天津货运量在 1999 年、2008 年以及 2015 年下降，与北京货运量类似，天津货运量也在 2008 年波动比较大。北京公路长度比天津要长，在 2007 年之前，北京货运量要远多于天津货运量，但从 2008 年开始，天津货运量超过了北京货运量。北京公路运输量在 2007 年以及天津公路运输量在 2008 年出现的波动与 2008 年的北京奥运会有很大的关联。2008 年奥运会对公路煤炭运输产生了影响，这一影响主要来自环境智力和道路维护方面的要求，北京周边地区的公路运输被执行"绕行""停运"等措施。受上述因素的影响，汽车运输煤炭到货比较多的天津港出现了偏紧趋势。

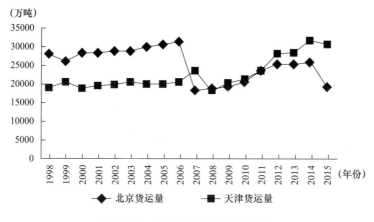

图 3-10　北京、天津公路货运量

如图 3-11 所示，2006 年之前，北京货运周转量要略大于天津货运周转量，而 2008 年起天津货运周转量迅速增长，在之后的几年间，除了在 2013 年和 2015 年稍有回落，其余各年均增长迅速。天津货运周转量在 2010 ～ 2014 年增长速度加快，于 2015 年稍有回落。这些数据说明，北京和天津的公路运输量在 2008 年之后以极快的速度增长，公路在近些年发挥着越来越大的作用，这与大宗货物的发展缩紧以及小件物品的快速发展有关。

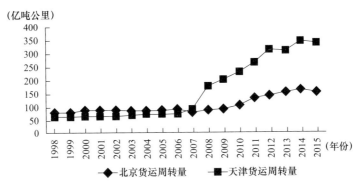

图 3-11　北京、天津公路货运周转量

（二）河北公路现状

1. 河北公路长度在逐年增长

如图 3-12 所示，在 1998 ～ 2015 年，河北公路长度在逐年增长，其中 2005 ～ 2006 年增速比较大，达 89.4%。2015 年，河北省公路建设完成投资 683 亿元。至 2015 年底，河北省公路通车里程达 184553 公里，其中高速公路 6333 公里，全年新改建农村公路 10000 公里。

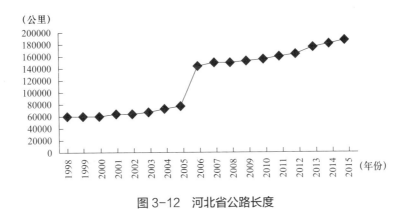

图 3-12　河北省公路长度

2. 河北公路货运量持续增长

河北公路货运量一直比较大，1998 ～ 2007 年增长比较缓慢，2007 ～ 2013

年增长比较迅速，2013年和2015年出现了回降。同样地，如图3-13所示，河北货运量1998～2007年增长平稳，2007年之后增长迅速，至2015年有些许回降。2007年后河北公路货运量飞速增长的原因主要在于，2008年北京奥运会对北京和天津的公路运输尤其是煤炭运输都造成了一定的影响，与此同时原有客户的供应和需求也出现向秦皇岛等其他中转站转移的倾向。除此之外，河北作为工业大省且近几年的发展较快，其产品供应量以及原材料需求量都比较大，其公路货运量自然而然也比较大并呈不断增长的趋势。在2013年之后这一数据出现回落的原因主要在于，河北的空气污染治理使部分工厂的生产受到一定的影响，进而影响到其公路货运量。

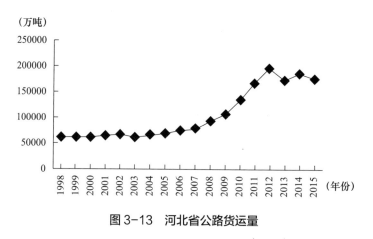

图3-13　河北省公路货运量

如图3-14所示，1998～2007年，河北公路货运周转量处于比较低的水平并且增长速度缓慢，2007～2014年则一直处于快速增长的过程。由此可知，影响货运周转量变化的因素一方面是货运量的大小，另一方面是货物的运输距离。

为了更好地分析，在此对河北公路货运量和河北公路货运周转量的增长率进行了比较，结果如图3-15所示，从图中可以看到，除了2002年河北公路货运周转量增长率在河北公路货运量的下方，其余各年公路货运周转量增长率均在公路货运量上方，这说明河北公路货运周转量要比河北公路货运量增长速度快。换句话说，河北货物的实际运输距离处于不断地增长中，间接地表明了河北公路的基础设施也在不断地完善和发展。

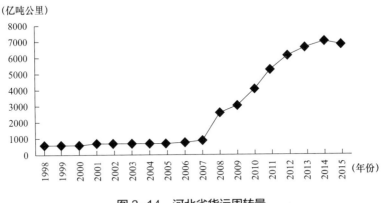

图 3-14　河北省货运周转量

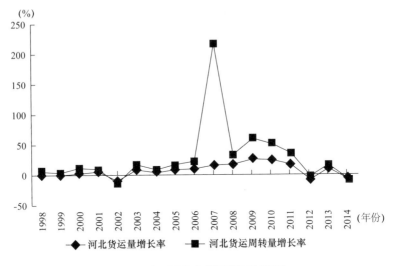

图 3-15　河北省货运增长率情况

（三）京津冀节点城市公路运输现状分析

改革开放以来，随着我国经济的飞速发展和城市进程化的快速推进，逐步形成了四通八达的城市交通路网。此外，许多地区还采取多省联动的发展战略，形成巨大的都市圈联合发展，如珠江三角洲地区、广佛和目前备受关注的京津冀地区。本书选取京津冀地区七个城市节点交通运输的指标公路里程、行政公路等级数量、城市道路面积、城市人均拥有道路面积、货运量和客运量作为依据，结合对货运量的预测分析结果，研究北京、天津、石家庄、唐山、保定、秦皇岛和邯郸的公路运输现状，并且选定2017年的数据指标对选定节点道路路网运输现状进行剖析。

1. 各节点城市公路里程差异性大

由于城市公路里程是公路运输结构中最基本的指标，公路里程的长短会直接影响公路交通的运输能力。如图3-16所示，公路里程最长的是北京（21885公里），其次是保定（21000公里），公路里程最短的是秦皇岛，只有11030公里。这说明北京路网密集度整体水平较高，而秦皇岛的公路路网的密集度在七个节点城市中处于较低水平。

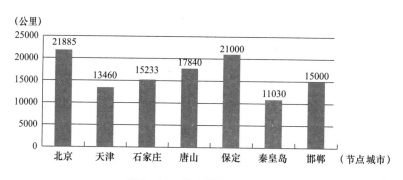

图3-16 节点城市公路里程

2. 各节点城市道路行政等级公路数量不等

如表3-5所示，高速公路拥有数最多的节点城市是天津（18条），其次是北京（11条），高速公路拥有量最少的节点城市是秦皇岛，仅为3条。国道方面，国道拥有数最多的节点城市是北京（12条），其次是天津（9条），拥有量最少的节点城市是保定和秦皇岛，均仅为2条。

表 3-5　节点城市道路行政等级拥有数

节点城市	高速公路（条）	国道（条）
北京	11	12
天津	18	9
石家庄	8	4
唐山	9	3
保定	6	2
秦皇岛	3	2
邯郸	7	3

3. 各节点城市的道路面积与人均拥有道路面积不成正比

如表 3-6 所示，地区道路面积最多的是天津（14019 万平方米），北京紧随其后（10029 万平方米），面积最少的秦皇岛只有 2137 万平方米。

表 3-6　节点城市道路面积与人均拥有道路面积

节点城市	城市道路面积（万平万米）	城市人均拥有道路面积（平方米）
北京	10029	7.46
天津	14019	13.65
石家庄	5366	13.08
唐山	3098	9.27
保定	3878	13.74
秦皇岛	2137	15.27
邯郸	3161	17.99

人均道路面积与道路面积用以判断该地区道路路网分布排列是否合理。表 3-6 中七个节点城市的城市道路面积天津最高，最低的是秦皇岛。而人均拥有道路面积中人均占有率最高的是邯郸（17.99 平方米），其城市道路面积为 3161 平方米，在七个节点城市中仅排第五位。天津在人均拥有道路面

积中顺位第四，北京顺位第七，仅为 7.46 平方米。而在城市道路面积中最后一名的秦皇岛在人均拥有道路面积中排第二位（15.27 平方米）。由此可以看出，邯郸的城市道路面积在七个节点城市中较为合理。

4. 各节点城市的货物运输量存在较大差异

如图 3-17 所示，在七个节点城市中，货运量最高的是石家庄（41000万吨公里），其次是唐山（36358 万吨公里），而最低的是秦皇岛（5276 万吨公里）。比较可得，各选定节点的城市货运量发展不均衡。

（万吨公里）

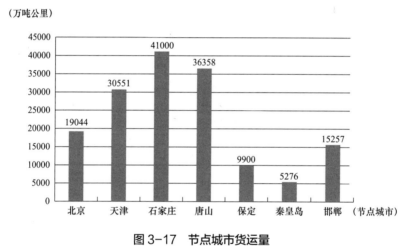

图 3-17　节点城市货运量

三、航空运输发展现状

航空运输，是指使用飞机、直升机或其他航空器运送人员、货物、邮件的一种运输方式。它具有快速、机动的特点，是现代旅客运输，尤其是远程旅客运输的重要方式；对于国际贸易中的贵重物品、鲜活货物和精密仪器运输是不可或缺的。空运的货物一般是比较急用的，在公路运输不能满足客户要求时效的情况下客户会选择空运。空运以其迅捷、安全、准时的特点赢得了相当大的市场，大大缩短了交货期，对于物流供应链加快资金周转及循环起到了极大的促动作用，近年来空运也受到了极大欢迎。

航空运输是一种现代化的运输方式，与公路运输、铁路运输相比，它具有运输速度快、货运质量高、不受地面条件的限制等优点。因此，它最适宜运送急需物资、鲜活商品、精密仪器和贵重物品等。

本书针对京津冀地区的机场货邮吞吐量进行了分析，可以看出该地区的机场货邮吞吐量总量在逐年增长，说明空运在交通运输中发挥着越来越重要的作用。

第一，航运与一个地区的经济发展水平联系紧密。京津冀地区机场货邮吞吐量的逐年增长与该地区的经济发展水平的提高是分不开的。

第二，贵重物品以及鲜活物品的线上交易推动着空运的发展。一些特殊或珍贵物品在选择运输方式上具有一定的局限性，有些商品的运输只有空运可以满足，这就极大地促进了空运的发展；再加上近年来线上交易快速发展，促进了整个交通运输业发展的同时，也极大地推动了空运的发展。

（一）北京空运现状

北京空运主要由北京首都机场以及北京南苑机场共同运营。北京首都机场货邮吞吐量一直位居全国所有机场货邮吞吐量前三，并处于不断增长之中。如表 3-7 所示，2011 ~ 2015 年，北京首都机场货邮吞吐量增长率先下降，之后又出现回升。北京南苑机场货邮吞吐量与首都机场相比较低并且其增长率一直在下降，在 2015 年甚至出现了负增长。北京总货邮吞吐量是一直在增长的，由于空运的效率高，以及解决了很多铁路运输和公路运输无法应对的问题，其价格也是比较高的，故一个地区的空运货邮吞吐量与这个地区的消费水平高低是分不开的。另外，贵重物品及鲜活货物等在选择运输方式时有一定的局限性，随着经济的快速发展，线上销售一些贵重物品，海鲜、水果，以及一些速冻食品越来越常见，这些都为空运的发展奠定了一定的基础。

表 3-7　北京机场货邮吞吐量

年份	北京首都机场货邮吞吐量（吨）	增长率	北京南苑机场货邮吞吐量（吨）	增长率	总货邮吞吐量（吨）	增长率
2011	1640232	—	23557	—	1663789	—
2012	1799863.7	0.0973	30054	0.2758	1829917.7	0.0998
2013	1843681.1	0.0243	37091.9	0.2342	1880773	0.0278
2014	1848251.5	0.0025	37249.9	0.0043	1885501.4	0.0025
2015	1889439.5	0.0223	36755.6	−0.0133	1926195.1	0.0216

　　图 3-18 是北京航空运输线路数的变化情况，由于航空公司管理着不同地区的机场，如中国新华航空有限责任公司既管理着北京地区的部分航线又管理着天津地区的航线，所以这一指标只是航空公司发展情况的一种体现，并不能完全反映某一地区空运的发展情况。

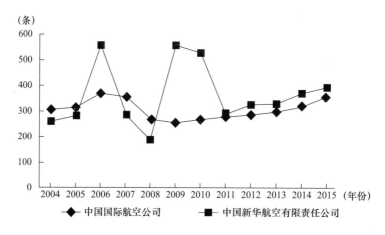

图 3-18　北京航空运输线路数

（二）天津空运现状

　　表 3-8 是 2011 ~ 2015 年天津机场的货邮吞吐量及飞机起降架次，飞机起降架次不单单有货运还包括客运的起降架次次数，所以用这个指标来反映天津货运发展状况还不够充分。由表 3-8 可以看出，天津滨海机场的货邮

吞吐量总趋势为逐渐增加，但在 2015 年出现了下降的趋势。另外，其增长率变动也较大，在 2015 年出现了负增长。

表 3-8　天津机场货邮吞吐量

年份	货邮吞吐量（吨）	增长率	起降架次	增长率
2011	182857	—	84831	—
2012	194241	0.0623	83700	−0.0133
2013	214419.8	0.1039	100729	0.2035
2014	233358.6	0.0883	114557	0.1373
2015	217279.2	−0.0689	125693	0.0972

图 3-19 是 2002 ~ 2013 年天津航空运输线路长度的走势，2004 年其线路长度波动剧烈，与 2003 年相比增长 448.3%，在之后一年又回到波动前的水平，然后呈逐年递增的走势。另外天津航线长度增长很快，这说明空运的发展前景还是非常乐观的，随着中国整体经济的快速发展和人们生活水平的快速提高，人们更倾向于更加快捷、舒适的交通方式。同理，货运在这方面的发展也蒸蒸日上。

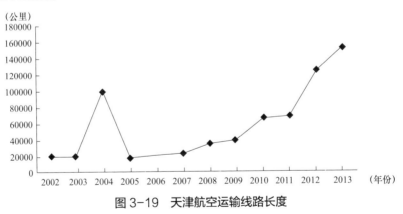

图 3-19　天津航空运输线路长度

（三）河北空运现状

河北省机场有石家庄正定机场、秦皇岛山海关机场、唐山三女河机场以及邯郸机场。如图 3-20 所示，在货运量方面主要以石家庄正定机场为主。

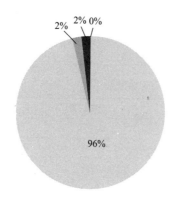

图3-20 河北省各机场2011～2015年货邮吞吐量构成

图3-20是河北各机场2011～2015年货邮吞吐量的占比，从图中可以看出石家庄正定机场货邮吞吐量就占总量的96%，其余三个机场货邮吞吐量总和仅占总量的4%左右。这说明石家庄正定机场在河北航空运输货运方面发挥着至关重要的作用。

表3-9是河北省四个机场的货邮吞吐量具体数值、货邮吞吐总量及其增长率。整体来看，河北省机场货邮吞吐总量的增长率在逐年降低，在2015年甚至出现了负增长。但是从图3-21可以看出，北京、天津、河北三个地区机场的货邮吞吐量总和仍是逐年增长的，机场货邮吞吐量与该地区的国内生产总值（GDP）及贸易等经济发展表征有着一定的关系，京津冀地区的经济发展状况一定程度上影响着该地区货邮吞吐量的升降。

表3-9 河北省各机场货邮吞吐量及其增长率

年份	石家庄正定机场货邮吞吐量（吨）	秦皇岛山海关机场货邮吞吐量（吨）	唐山三女河机场货邮吞吐量（吨）	邯郸机场货邮吞吐量（吨）	货邮吞吐总量（吨）	增长率（%）
2011	33229	349	1005	11	34594	—
2012	39660.9	605.8	905.6	69.9	41242.2	19.22
2013	42976.2	919.6	1212.6	66.4	45174.8	9.54
2014	45554.5	694.9	905.1	201.2	47355.7	4.83
2015	44693.9	330.4	734.2	396.6	46155.1	-2.54

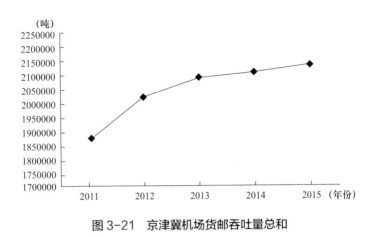

图 3-21　京津冀机场货邮吞吐量总和

四、物流园区发展现状

（一）北京物流园区现状

1. 北京主要物流园区介绍

北京市目前形成了通州马驹桥、顺义空港、大兴京南、平谷马坊四大环绕北京的物流配送基地，并充分利用每个物流基地自身的特色区位条件，形成了差异化的物流企业集聚。四大物流基地集中配送的物品涵盖副食品、生鲜、家电、服装、百货、配件、印刷品、快递包裹等各个种类，年营业收入接近 600 亿元，占本市规模以上专业物流企业总营业额的 1/3 以上。随着市场发展和企业的集聚，四大物流基地还将以其所应用的各项先进技术带动全市物流行业进行产业升级。四大物流园区具有明显的区位优势，毗邻航空、公路、铁路交通枢纽，其距火车站的平均距离为 3 公里、距高速路的平均距离为 4.6 公里、距机场的平均距离为 20 公里（见表 3-10）。

表3-10　北京四家主要物流园区周边交通状况

名称	最近的高速路	距最近的高速路距离（公里）	最近的火车站	距最近的火车站距离（公里）	最近的机场	距最近的机场距离（公里）	园区占地面积（平方公里）
通州马驹桥	北京六环高速入口	2.4	亦庄火车站	13.3	北京南苑机场	22.8	5.04
顺义空港	机场北线高速公路/顺航路（路口）	1.5	顺义火车站	5.7	北京首都国际机场	13.1	1.55
大兴京南	六环/京开高速公路（路口）	5.3	黄村火车站	6	北京南苑机场	18.3	6.71
平谷马坊	京平高速公路/Y204（路口）	2.4	马坊站	2.3	平谷金海湖机场	27.8	3

（1）通州马驹桥。北京通州物流基地位于北京东南的通州区马驹桥镇，规划面积为5.04平方公里，是北京市物流发展规划确定的三大物流基地之一。自2003年开工建设以来，基地始终坚持标准化建设、标准化招商、标准化服务的经营宗旨，采取国际通行的方法建设、运营物流，致力于打造一流的投资发展平台。目前该物流基地的基础设施已实现"九通一平"（"九通"：道路、电力、电信、雨水、污水、供暖、供水、天然气、有线电视；"一平"：土地平整），可满足企业进驻要求。同时基地不断优化投资软环境，开展"一站式"代办服务，建立招商引资的"绿色通道"，推行"新九通一平"，致力于打造真正与国际惯例接轨的投资软环境。

基地集现代物流功能、内陆口岸功能、流通加工功能于一体，是适应首都现代化国际大都市的功能性基础设施，辐射环渤海地区及全国的重要物流枢纽，为北京市进出货物的集散和大型厂商在环渤海地区、全国采购和分销提供物流平台，定位于公路—海运国际货运枢纽型物流基地。

（2）北京空港物流基地。北京空港物流基地于2002年经北京市政府批准设立，是北京唯一的航空—公路国际货运枢纽型物流基地。

基地连年被列为市政府重点工程，先后被中国物流采购联合会命名为"中国物流实验基地""中国物流示范基地"。2007年，基地被国家人事部和国家物采联评为"全国物流行业先进集体"，被国家物采联评为全国物流行业最高等级的3A级信用企业。2008年，基地出色地完成了奥运物流中心服务保障工作，被北京市委、市政府，北京奥组委联合授予"北京奥运会残奥会先进集体"荣誉称号。2009年，基地被中国物流学会确定为"中国物流产学研基地"。

北京空港物流基地位于北京市高端产业功能区——临空经济区的核心区，作为物流企业聚集度最高的区域，是企业设立现代化物流中心、建设企业总部的最佳平台。基地高标准地完成了一期1.55平方公里范围内"八通一平"的市政基础设施建设，共引进包括TNT、日本邮船、日本住友等在内的七家世界500强企业以及中外运、近铁、宅急送等70家国内外知名物流企业。

（3）大兴京南物流基地。大兴京南物流基地发展提速。该基地是北京四大物流基地之一，占地面积为6.71平方公里，园区内拥有26条铁路专用线、规划道路21条，是北京唯一具有公路转铁路运输功能的综合物流基地。截至2016年，基地吞吐量累计130余万吨，同比增长23.5%，预计全年业务收入可达28亿元，同比提高40%。基地2016年三个在建项目进展顺利，总投资额达6.5亿元。交易型物流项目正在加快建设中，将建成全市较大的钢材、建材交易中心。

（4）北京平谷马坊物流基地。北京平谷马坊物流基地是北京市"十一五"发展规划确定的具有口岸功能的综合性保税物流基地，规划面积为3平方公里，一期1.3平方公里按照统一规划、分期建设的原则分为口岸功能区、B型保税仓储区、综合服务区、高端休闲旅游度假配套区。"十二五"期间将完善口岸功能，建设好北京平谷国际陆港，建立安全、高效、绿色、文明的进出通道。

基地地处京津冀两市一省交界处，融于环首都经济圈及环渤海经济区之中，西距首都机场 35 公里，南距天津新港 135 公里，是北京东部发展带的重要物流节点和京津发展走廊上的重要通道。未来将建设成为集国际中转、国际分拨、货物配送、保税仓储、物流加工、陆路口岸等多功能为一体的大型海陆联运枢纽，真正实现"政策叠加、优势互补、资源整合、功能集成"的综合优势，发挥区域经济助推器的作用，随着海关监管模式及配套政策的不断创新，将成为北京地区一条全新的无障碍"出海"通道。

2. 北京市主要物流园区营运现状

（1）主要物流园区货运量情况。北京市主要物流园区 2013 ~ 2017 年全年完成货运量、同比增速及三种货运方式分别完成的货运量及其同比增速具体数值如表 3-11 所示。

表 3-11　2013 ~ 2017 年北京市主要物流园区货运量

年份	全年完成货运量（万吨）	同比增速（%）	铁路完成货运量（万吨）	同比增速（%）	公路完成货运量（万吨）	同比增速（%）	民航完成货运量（万吨）	同比增速（%）
2013	27103.70	3.09	1078.40	−12.48	25889.60	3.87	135.70	1.19
2014	26692.60	−1.52	1132.20	4.99	25416.00	−1.83	144.40	6.41
2015	25734.90	−3.59	1003.70	−11.35	24573.00	−3.32	158.20	9.56
2016	20859.40	−18.95	724.90	−27.78	19972.00	−18.72	162.50	2.72
2017	20252.40	−2.91	704.00	−2.88	19373.70	−3.00	174.70	7.51

由表 3-11 中数据可以看出，2013 ~ 2017 年北京市主要物流园区全年货运量总体呈逐年降低的趋势；铁路货运量 2014 年虽然比 2013 年同比增长 4.99%，但是在 2014 年后同比增长速率逐年降低；民航货运量在逐年增加；公路货运量在这几年间一直在总货运量中占有较大比重，但其货运量也在逐年下降。

（2）主要物流园区货物周转量情况。北京市主要物流园区 2013 ~ 2017 年的货物周转量、同比增速及三种货运方式分别完成的货物周转量及其同比增速具体数值如表 3-12 所示。

表3-12 2013~2017年北京市主要物流园区货物周转量

年份	货物周转量（亿吨公里）	同比增速（%）	铁路完成货运量（亿吨公里）	同比增速（%）	公路完成货运量（亿吨公里）	同比增速（%）	民航完成货运量（亿吨公里）	同比增速（%）
2013	519.20	4.59	323.20	5.07	146.80	5.01	49.20	0.41
2014	505.00	-2.73	284.40	-12.00	165.20	12.53	55.40	12.60
2015	450.70	-10.75	224.80	-20.96	162.20	-1.82	63.70	14.98
2016	457.30	1.46	229.00	1.87	161.30	-0.55	67.00	5.18
2017	625.80	36.85	246.40	7.60	159.20	-1.30	74.40	11.04

由表3-12中数据可以看出，2015年北京市主要物流园区货物周转量为这5年中的最低值，2017年货物周转量明显高于往年；铁路货运量从2013年起逐年减少，到2015年后略有回升；民航货运周转量逐年上升；公路货运周转量则先增加再减少。

（二）天津物流园区现状

1. 天津主要物流园区介绍

天津市三大物流园区将成为全国物流服务的重要枢纽，服务于京津冀乃至北方地区。其中，空港航空物流园依托航空资源及自贸区政策，面向国际、国内转运市场，发展跨境和国内快件，建设服务京津冀、辐射北方地区的航空快递物流园区。东疆港跨境电商快递物流园依托港口资源及保税区，面向北方及全国的跨境消费市场，建设以保税仓、海外仓为主导的快递、通关、监管、仓配、分拨一体化跨境快递物流园区。武清电子商务快递物流园依托现有电商集聚资源，面向华北乃至北方消费市场，建立适合电子商务发展的现代快递服务物流园区。三大物流园区距火车站的平均距离为17.2公里，距高速路的平均距离为7.6公里，距机场的平均距离为15.5公里（见表3-13）。

表 3-13　天津三家主要物流园区周边交通状况

名称	最近的高速路	距最近的高速路距离（公里）	最近的火车站	距最近的火车站距离（公里）	最近的机场	距最近的机场距离（公里）	园区规模（公顷）
空港航空物流园	京津塘高速公路／津汉公路（路口）	9.3	天津北站	15.8	天津滨海国际机场	8	750
东疆港跨境电商快递物流园	S11 海滨高速入口（南向）	11.9	于家堡火车站	22.9	天津塘沽机场	31.6	189
武清电子商务快递物流园	S30 京津高速入口（京津快速入口东北向）	1.8	武清火车站	12.9	杨村机场	6.9	345

（1）空港航空物流园。该物流园区依托航空资源，面向国际、国内市场，利用自贸区政策，为时效性要求强的高附加值快件物品提供跨境和国内航空快递服务，是服务京津冀、辐射北方地区的航空快递专业类物流园区。在空间布局上，该园区选址于航空物流区内，用地面积为 750 公顷。

（2）东疆港跨境电商快递物流园。该物流园区依托港口资源及自贸区政策，发挥低成本、大运量的海运优势，以保税仓为主要载体，成为面向北方及全国的跨境消费市场，是集国际快递和跨境电子商务等功能于一体的快递专业类物流园区。在空间布局上，园区选址于天津自由贸易试验区天津港片区、中心商务片区内，结合东疆保税港区、北疆港区现有的保税仓库布局，规划用地面积共 189 公顷。

（3）武清电子商务快递物流园。该物流园区依托现有电商集聚资源，以电商仓配中心为主要载体，发展以电子商务与快递物流仓配一体化为特色的快递服务，面向华北及北方消费市场，是适合电子商务发展的现代快递专业类物流园区。该园区采取分散布局方式，分别在武清开发区、京滨工业园、武清电商产业园、京津科技谷规划选址，规划用地面积共 345 公顷。

2. 天津市主要物流园区营运现状

（1）主要物流园区货运量情况。天津市主要物流园区 2013 ~ 2017 年全年完成货运量、同比增速以及三种货运方式分别完成的货运量及其同比增速具体数值如表 3-14 所示。

表 3-14　2013 ~ 2017 年天津市主要物流园区货运量

年份	全年完成货运量（万吨）	同比增速（%）	铁路完成货运量（万吨）	同比增速（%）	公路完成货运量（万吨）	同比增速（%）	水路完成货运量（万吨）	同比增速（%）
2013	51602.54	8.19	8445.95	6.79	31985.00	13.31	9884.42	-4.33
2014	50947.75	-1.27	8872.37	5.05	31130.00	-2.67	9749.32	-1.37
2015	53179.15	4.38	8376.92	-5.58	33724.00	8.33	9910.19	1.65
2016	51579.86	-3.01	8149.16	-2.72	32841.00	-2.62	9514.53	-3.99
2017	52992.42	2.74	8734.93	7.19	34720.00	5.72	8344.08	-12.30

由表 3-14 中数据可以看出，天津市主要物流园区 2013 ~ 2017 年全年完成货运量基本在 51000 万吨上下浮动；铁路货运量同比增长速度逐年降低，至 2015 年后逐渐增加；水路货运量同比增速与铁路货运量同比增速趋势相反，先增加后降低；公路货运量在 2013 年同比增速最大，后几年变动幅度不大。

（2）主要物流园区货物周转量情况。天津市主要物流园区 2013 ~ 2017 年的货物周转量、同比增速以及三种货运方式分别完成的货物周转量及其同比增速具体数值如表 3-15 所示。

表 3-15　2013 ~ 2017 年天津市主要物流园区货物周转量

年份	货物周转量（亿吨公里）	同比增速（%）	铁路完成货运量（亿吨公里）	同比增速（%）	公路完成货运量（亿吨公里）	同比增速（%）	水路完成货运量（亿吨公里）	同比增速（%）
2013	5390.47	-29.4	273.47	-4.59	368.46	1.19	4741.83	-32.38
2014	3354.4	-37.77	265.17	-3.04	349.02	-0.53	2734.01	-42.34
2015	2319.77	-30.84	225.79	-14.85	379.82	0.88	1707.7	-37.54
2016	2116.89	-8.75	207.36	-8.16	372.49	-0.19	1530.05	-10.4
2017	1939.94	-8.36	236.52	14.06	398.02	0.69	1298.09	-15.16

由表 3-15 中数据可以看出，2013 ~ 2017 年天津市主要物流园区货物周转量逐年减少；铁路货运量整体趋势为逐年减少，但 2017 年相较于 2016 年增长了 14.06%；水路货运量虽然逐年下降，但是每年仍占货物周转量较大比重；公路货运周转量相比于其他两种方式货运周转量变动幅度很小。

（3）主要物流园吞吐量情况。2017 年天津主要物流园区吞吐量情况如表 3-16 所示。

表 3-16　天津市主要物流园区园区面积以及周边交通便利情况

年份	全年港口货物吞吐量（亿吨）	同比增速（%）	集装箱吞吐量（万标准箱）	同比增速（%）	货邮吞吐量（万吨）	同比增速（%）
2013	5.01	5.03	1301.20	5.76	21.44	10.34
2014	5.40	7.78	1406.10	8.06	23.34	8.86
2015	5.41	0.19	1411.10	0.36	21.73	−6.90
2016	5.51	1.85	1451.90	2.89	23.71	9.11
2017	5.01	−9.07	1506.90	3.79	26.83	13.16

由表 3-16 数据可以看出，天津市 2014 年全年港口货物吞吐量增长速度最大，2017 年下降最多；集装箱吞吐量逐年增加；货邮吞吐量则在 23.41 万吨上下浮动。

（三）河北物流园区现状

1. 河北省物流园区介绍

2010 年，河北省有 16 家物流产业集聚区被省政府正式认定为省内首批省级物流产业聚集区。在这 16 家物流产业集聚区中，交通枢纽型的有 7 个：唐山海港物流产业聚集区、曹妃甸物流产业聚集区、唐海曹妃甸新区临港产业园区、沧州渤海新区物流产业聚集区、秦皇岛临港物流园区、邢台好望角物流园区、永清铁海物流产业聚集区；产业基地型的有 5 个：唐山丰润区北方现代物流城、迁安市北方钢铁物流产业聚集区、霸州市胜芳国际物流园区、承德三岔口钢材综合物流园区、安平县国际丝网物流聚集区；商贸集散型的有4个：保定白沟新城省级物流产业聚集区、肃宁县物流产业聚集区、石家庄河北润丰物流中心、邯郸新兴国际商贸物流中心。随后又陆续新增16家物流产业集聚区，截至2017年河北省共有32家物流产业集聚区。河北省各园区名单如表3-17所示，周边交通设施情况如3-18所示。

表3-17　河北省32家物流产业集聚区名单

名称	名称
唐山海港物流产业聚集区	正定商贸物流产业聚集区
曹妃甸物流产业聚集区	张家口通泰物流产业聚集区
唐海曹妃甸新区临港产业园区	承德华北物流产业聚集区
沧州渤海新区物流产业聚集区	沧州市沧东物流产业聚集区
秦皇岛临港物流园区	唐山路南现代物流产业聚集区
邢台市综合物流产业聚集区	河北青龙物流产业聚集区
永清铁海物流产业聚集区	唐山西部商贸物流园区
唐山丰润区北方现代物流城	唐山市滦县物流产业聚集区
迁安北方钢铁物流产业聚集区	遵化市现代物流区
霸州市胜芳国际物流园区	邢台会宁综合物流聚集区
承德三岔口钢材综合物流园区	邯郸国际陆港物流园区
安平县国际丝网物流聚集区	石家庄西北物流产业聚集区
保定白沟新城省级物流产业聚集区	邢台桥西龙岗综合物流产业聚集区
肃宁县物流产业聚集区	丰南物流产业聚集区
石家庄市南部综合物流产业聚集区	邢台好望角物流园区
邯郸新兴国际商贸物流产业聚集区	石家庄河北润丰物流中心

表 3-18 河北省 32 家物流产业集聚区周边交通状况

名称	城市	最近的高速路	距最近的高速路距离（公里）	最近的火车站	距最近的火车站距离（公里）	最近的机场	距最近的机场距离（公里）	园区规模
唐山海港物流产业集聚区	唐山	唐港高速入口	10.5	乐亭京唐港站	2.4	三女河机场	137.7	1468 公顷
曹妃甸物流产业集聚区	唐山	唐曹高速入口	9.4	滦南火车站	42.8	三女河机场	101.5	310 平方公里
唐海曹妃甸新区临港产业园区	唐山	唐曹高速入口	14	滦南火车站	64.1	三女河机场	83.8	60 平方公里
沧州渤海新区物流产业集聚区	沧州	黄石高速入口	6	沧州火车站	83.7	天津滨海国际机场	115.8	2400 平方公里
秦皇岛临港物流园区	秦皇岛	京沈高速	3	秦皇岛火车站	4.6	秦皇岛机场	11.6	18.5 平方公里
邢台市综合物流产业集聚区	邢台	京港澳高速入口	2.6	邢台东站	4.5	石家庄国际机场邢台城市候机楼	10.7	15.44 平方公里
永清铁海物流产业集聚区	廊坊	廊涿高速入口	5.8	固安火车站	14.4	北京南苑机场	54.7	18000 亩
唐山丰润区北方现代物流城	唐山	唐丰快速路入口	2.2	唐山北站	4.1	三女河机场	21.4	23.8 平方公里
迁安北方钢铁物流产业集聚区	唐山	唐港高速入口	4.4	唐山火车站	12.4	三女河机场	30.6	28.31 平方公里
霸州市胜芳国际物流园区	霸州	廊沧高速	19.8	霸州火车站	34.6	天津滨海国际机场	66.5	1400 亩
承德三岔口钢材综合物流园区	承德	承秦高速	23.5	承德火车站	12.8	承德普宁机场	38.5	3.8 平方公里

续表

名称	城市	最近的高速路	距最近的高速路距离（公里）	最近的火车站	距最近的火车站距离（公里）	最近的机场	距最近的机场距离（公里）	园区规模
安平县国际丝网物流聚集区	衡水市	大广高速	6.7	饶阳火车站	11.4	石家庄国际机场	35.4	3069亩
保定白沟新城省级物流产业聚集区	保定	荣乌高速	33.9	高碑店火车站	24.9	国际机场保定城市候机楼	64.8	3.95平方公里
肃宁县物流产业聚集区	沧州市	保沧高速	90.3	任丘火车站	53.2	石家庄正定国际机场	167	7.5平方公里
石家庄市南部综合物流产业聚集区	石家庄	京港澳高速	14.3	石家庄新火车站	2.9	石家庄正定国际机场	43.6	30平方公里
邯郸新兴国际商贸物流产业聚集区	邯郸	青兰高速	10.7	邯郸火车站	9.4	邯郸机场	18.2	1500亩
正定商贸物流产业聚集区	正定	石太高速	11.9	石家庄北站	10.3	石家庄正定国际机场	27.4	24391.2亩
张家口通泰物流产业聚集区	张家口	张石高速	2.1	张家口火车南站	11.7	张家口机场	18.3	12平方公里
承德华北物流产业聚集区	承德	承秦高速	62	平泉火车站	5	承德普宁机场航站楼	9	5.45平方公里
沧州路南现代物流产业聚集区	沧州	京台高速	23.9	沧州火车站	98.4	济南遥墙机场	148.6	26平方公里
唐山路南现代物流产业聚集区	唐山	唐津高速	16.4	唐山火车站	8.3	唐山机场	15	—
河北青龙物流产业聚集区	秦皇岛市	承秦高速	2.1	秦皇岛火车站	93.1	秦皇岛北戴河机场	129.6	2.56平方公里
唐山西部商贸物流园区	唐山	唐津高速	15.9	唐山北站	5.9	三女河机场	20	1161.4公顷
唐山市滦县物流产业聚集区	唐山	京哈高速入口	15.7	滦河站	14.7	三女河机场	68.8	—

续表

名称	城市	最近的高速路	距最近的高速路距离（公里）	最近的火车站	距最近的火车站距离（公里）	最近的机场	距最近的机场距离（公里）	园区规模
遵化市现代物流区	唐山	长深高速入口	8.8	遵化北站	5.1	三女河机场	61.1	15.6平方公里
邢台会宁综合物流聚集区	邢台	邢衡高速入口	11.9	邢台站	11.6	石家庄国际机场邢台城市候机楼	8.4	9.67平方公里
邯郸国际陆港物流园区	邯郸	京珠高速	12.8	赵王城站	8.6	邯郸机场	5.5	9500亩
石家庄西北物流产业聚集区	石家庄	石太高速	16.9	正定站	1.5	石家庄正定国际机场	22	25.2平方公里
邢台桥西龙岗综合物流产业聚集区	邢台	邢衡高速入口	14.8	邢台火车站	9.1	石家庄国际机场邢台城市候机楼	6.3	15.44平方公里
丰南物流产业聚集区	唐山	唐津高速	9.5	丰南火车站	1.7	三女河机场	24.4	20.13平方公里
邢台好望角物流园区	邢台	邢临高速	2.1	邢台火车东站	10.4	石家庄国际机场邢台城市候机楼	14.2	—
石家庄河北润丰物流中心	石家庄	京港澳高速入口	9.7	石家庄西站	18.3	石家庄正定国际机场	39.7	—

（1）唐山海港物流产业聚集区简介。唐山海港物流产业聚集区地处渤海湾及京津冀都市圈核心地带，是河北省首批省级交通枢纽型临港物流产业聚集区之一，规划面积为 1468 公顷（其中建成区 760 公顷，位于京唐港区内；新建区 708 公顷，与京唐港区隔路相望），先后被中国物流与采购联合会评为"2014 年度全国优秀物流园区""2016 年度全国优秀物流园区"，被河北省现代物流协会评为"十二五"物流行业优秀物流园区。该园区已初步形成集装箱运输、LNG/CNG 仓储物流、粮食仓储物流、保税物流、冷链物流、汽车物流和建材仓储物流七大主导产业板块。

唐山海港物流产业聚集区地理位置优越，拥有立体化、多渠道的物流运输模式。聚集区陆上距北京 230 公里、距天津 150 公里、距唐山 70 公里、距秦皇岛 118 公里；交通体系完善，拥有集水路、铁路、公路等为一体的联运枢纽体系；唐港高速、沿海高速与京哈高速、长深高速等国家高速无缝对接，沿海公路、滨海大道在区内交会贯通；迁曹铁路东港线和京唐港线纵贯南北，与京山、京秦等全国铁路运输大动脉紧密相连，周边有首都机场、天津机场、唐山机场、秦皇岛机场；聚集区所依托的京唐港，岸线资源丰富，航线四通八达，是河北省唯一具有保税物流功能的港口，建有保税仓库及保税物流中心，能够为入驻企业提供优惠的政策及配套服务；此外，京唐港建有河北省最大的集装箱码头，开设集装箱航线 33 条，航线通达 80 多个国家和地区，以及国际、国内 150 多个港口。

（2）唐海曹妃甸新区临港产业园区。河北唐海临港工业园区隶属于河北省唐山市唐海县，是曹妃甸新区的重要组成部分、曹妃甸深水大港的直接腹地。园区规划总面积为 60 平方公里，东邻曹妃甸国际生态城，南与曹妃甸工业区直接相连，北临新城大道，处于曹妃甸新区和冀东北工业聚集区的中心区域。园区内唐曹高速、迁曹铁路、迁曹公路穿境而过，未来将形成集港口、铁路、公路运输于一体的全方位交通网络，区位突出、交通便捷。按照规划要求，园区重点发展装备制造、现代物流、钢铁精深加工及配套、环保汽车及汽车零部件、精细化工及化工新材料、食品加工六大主导产业。

（3）沧州渤海新区物流产业聚集区。沧州渤海新区北临天津滨海新区，南接黄河三角洲，西连冀中南，东出渤海湾，总面积2400平方公里，人口60万，海岸线130公里。园区由煤炭港区、综合港区、散货港区、河口港区组成，现有集装箱泊位、煤炭泊位、液体化学品泊位、散杂货泊位等生产泊位25个，是国家一类对外开放口岸，已跻身全国亿吨大港之列。渤海新区北临的天津滨海新区是中西部地区最近的出海口，腹地优势十分突出，自2007年揭牌成立以来，产业聚集明显加快，现代物流、石油化工、装备制造、电力能源四大主导产业初具雏形。初步形成了"三核心""六通道""十八节点"的发展格局，物流业总规划面积达95200亩，同时启动了矿石、化工品、煤炭、建材等几大交易平台。园区几大物流中心已开工建设，物流的招商工作也已全面展开。

（4）秦皇岛临港物流园区。秦皇岛临港物流园区位于秦皇岛市海港区东北部，规划占地18.5平方公里，是河北省首批省级产业聚集区之一——秦皇岛临港产业聚集区的重要组成部分。秦皇岛临港物流园区以秦皇岛为核心，以秦皇岛港为依托，以环渤海为拓展，以商贸物流业为主题，充分利用园区区位及交通优势，致力于打造"交易、配送、展览、仓储、流通加工、信息处理"六位一体的综合性物流枢纽基地。园区规划建设商务展示和居住生活区、港口联动区、生活性消费品物流和大型批发商贸区、钢材及石油生产资料集散区、汽车综合物流园区、粮食集散区六大功能区。

（5）邢台综合物流产业聚集区。近年来，邢台着力打造"东出西联、南承北接"的冀南综合交通运输枢纽，京广、京九铁路，邢黄、邢和铁路在此交会，京港澳、青银、邢临、大广等高速公路四通八达，全市公路通车里程突破1.3万公里，褡裢机场建设加速推进，与沿海港口无缝对接、与国内新兴经济区和重点城市紧密衔接的立体交通网络初步形成，为发展现代物流业和促进区域物流资源集聚提供了有力支撑。桥西区作为邢台市主城区，商贸流通业基础雄厚、产业集聚化程度较高、总部经济效应突出，集聚产业链高端要素资源、促进高端物流业态发展能力较强。同时，桥西区拥有邢台市区2/3 的经济总量、2/3 的土地面积、2/3 的人口和 2/3 的发展备用地，构建物流产业聚集区的要素条件较为完备。聚集区实行一体化开发、组团式发展，构建"一心、一城、一港、一基地"的空间布局形态，为聚集区五大功能区提供强有力的项目支撑。

（6）永清铁海物流产业聚集区。永清铁海物流产业聚集区位于永清县里澜城镇，成立于 2003 年 10 月。永清铁海物流园有如下基础优势：一是便捷的区位交通优势。聚集区地处京津之间，距北京 60 公里，距天津 30 公里，距廊坊 25 公里，距首都机场 80 公里、首都第二国际机场 40 公里，距天津新港 60 公里，半小时可"进京下卫"，1 小时可"上天下海"，正逐步成为京津冀三角区间的黄金节点。二是广阔的空间发展优势。聚集区 100 公里半径内，涉及京、津、廊、保四大城市，城市人口集中，运输需求丰富。区内铁路货场是津西、京南规模最大、功能最全的物流储运站场，也是京津周边唯一的能源储运承载平台。三是强大的产业市场优势。邻近北方最大的钢木家具、胶合板、自行车及电动车零配件生产基地，为物流产业发展搭建了广阔的市场平台。 四是丰富的资源优势。聚集区内有 5 条输油、输气管线穿境而过，充足的电力、天然气资源为今后发展提供了可靠的能源保障。

（7）迁安北方钢铁物流产业聚集区。迁安北方钢铁物流产业聚集区位于迁安市的西南部，是河北省首批省级物流产业聚集区之一。规划范围东至野兴公路，南至 102 国道以及沙河驿镇火车站铁路延伸线范围，西至卑水铁路，北至京秦电气化铁路。规划总面积 28.31 平方公里，起步区面积 5.1 平方公里。迁安北方钢铁物流产业聚集区有以下特色：一是地理区位优越。聚集区处于环渤海经济圈核心地带，也处于国家重点打造的华北物流区和东北物流区的交会点，物流走廊的区位优势明显，是河北省"东出西联"物流发展的枢纽工程。二是对外交通便捷，聚集区拥有铁路、公路、邻近港口的三重优势，形成了"四纵四横"的路网格局。三是物流资源丰富。迁安西部工业区是河北重点培育的千亿元工业聚集区，聚集了河北省20%的钢铁产能，物流量在1.8亿吨以上，物流市值超过5000亿元。四是功能分区完善。以杨柏公路、迁曹高速为两轴，聚集区可划分为三大功能片区：西部为钢铁物流功能区、中部为装备制造物流区、东部为临港产业物流区。"两轴三片九区"的功能分区可满足采购、配送、仓储、结算、质押、金融等各类物流需求，特别是规划建设的保税物流区，能有效满足聚集区开展国际物流的需要。

（8）霸州市胜芳国际物流园区。霸州市胜芳国际物流园区占地面积933338平方米（约1400亩），其中建筑面积619360平方米。项目新建容量约为800万吨的现代物流仓库、年金属材料加工能力约达200万吨的大型金属材料中心、庞大的专业运输车队及相关配套的设施。项目建成后年吞吐量约2.4亿吨，预计实现产值为348360万元，上缴利税42000万元。

（9）承德三岔口钢材综合物流园区。园区规划占地面积3.8平方公里，规划区位于双滦区双塔山镇三岔口、张双铁路线北侧至厂沟门村以南。园区内现有企业11家，占地面积约941亩，2009年销售收入为20.14亿元。园区在建项目2个（中石油三岔口油库项目、河北晨阳国际汽配城项目），占地面积239.09亩，总投资额达2.3875亿元，预计年销售收入为30亿元。园区规划功能分区包括粮油仓储区、建材物流区、机械制造物流区、园区管理服务中心、钒钛产业区。

（10）安平县国际丝网物流聚集区。安平县聚成国际物流有限公司由河北建业投资担保有限公司、安平县现代物流有限责任公司和安平县财盛国有资产投资运营有限责任公司于2011年共同出资成立。该项目总投资52亿元，总占地3069亩，包括综合商务区、丝网物流区、钢材市场、冷链物流区、保税仓库区等十个功能分区。

（11）保定白沟新城省级物流产业聚集区。2010年，白沟新城为进一步发展壮大物流产业，依托区位优势和产业优势，总体规划申报了该聚集区项目。当年9月，经河北省人民政府办公厅《关于认定首批省级物流产业聚集区的通知》，白沟物流产业聚集区规划面积3.95平方公里，位于白沟新城津保路南侧，紧邻规划面积17.69平方公里的工业聚集区，两个产业园区相互毗邻，产业配套、优势互补、协同发展。聚集区产业定位为以"中国箱包物流总部基地、京南现代物流商城、北方内陆港"为目标，以项目建设为载体，依托产业发展优势，重点发展商贸物流、工业品物流、保税物流，辅之以城市配送和专业物流，打造以保税、信息服务为主导，集展示交易、仓储、配送、综合服务等功能于一体的现代化、多元化、智能化的国际物流园区，全面打造北方现代物流产业基地。

（12）肃宁县物流产业聚集区。肃宁充分发挥区域优势和特色产业优势，建设"一区两园"，即物流综合区、毛皮物流园和煤炭物流园。物流综合区位于神华路以北，毛皮物流园位于尚村镇，煤炭物流园位于梁村镇。

（13）石家庄市南部综合物流产业聚集区。石家庄南部综合物流产业聚集区规划占地30平方公里。一方面，发展新客站商贸商务中心。另一方面，打造省会"十里金街"，聚集整合省内外五金机电业，逐步发展成为华北五金机电龙头市场。依托北方药博园，加速形成集医药展示、研发、销售中心于一体的国际知名医药企业总部。

（14）邯郸新兴国际商贸物流产业聚集区。邯郸新兴国际商贸物流产业聚集区总投资22.6亿元，总占地1500亩，总建筑面积130万平方米，位于邯郸县南堡乡，309国道以南、刘南线西侧，建设期限为五年，以大型物流中心为主体，依据现代大物流、大集散、适度超前的原则进行规划设计，分成三组团、六大街区，根据产业定位分别规划为大型管业物流中心，物流、集散、仓储中心，小商品和邯郸特色商品流通基地三大功能组团。

（15）正定商贸物流产业聚集区。正定商贸物流产业聚集区规划控制面积24391.2亩，将按照"一轴驱动、两翼支撑、五区联动"的功能空间格局，着力打造河北省商贸物流业发展示范区、承接京津物流产业转移先导区和国家信息化商贸物流基地。先后吸引了中国药品总公司、青岛海尔公司、南京妍庭、中国邮政等14家国内知名物流企业入驻。2011年，聚集区实现物流周转额达300多亿元。

（16）张家口通泰物流产业聚集区。张家口通泰物流产业聚集区坐落在张家口市规划的高新区仓储区内，位于张宣公路东侧，距市中心8公里，距京张、宣大和丹拉高速公路分别为5公里、25公里和21公里，并连接109国道、207国道、110国道，形成东连北京和天津港口，进而连接东北、西连山西、北接内蒙古、南通省会石家庄的四通八达的交通网络，是一个理想的物流基地。张家口市地处京、冀、晋、蒙四省市交界处，是连接"三北"，面向京、津、冀、晋、蒙，畅通国际贸易的重要物流节点。

（17）承德华北物流产业聚集区。承德华北物流产业聚集区形成以承德华北物流产业聚集区为轴心的商贸物流圈，形成承接京津、辐射辽蒙的引力圈，打造冀辽蒙三省交界区域最大的商贸物流中心。聚集区规划5.45平方公里，概括为"一心两轴线、两带八片区"。"一心"即行政管理服务中心；"两轴线"即东西向101国道交通发展轴线、南北向252省道园区发展轴线；"两带"即瀑河契丹文化展示区及赶瀑河契丹文化美食区组成的两条滨河生态景观带；"八片区"即家具制造、大宗建材、家居装饰材料、汽车贸易、再生资源、矿山机械配件、农副产品和小商品八个物流交易配送区。

（18）沧州市沧东物流产业聚集区概况。沧州市沧东物流产业聚集区规划以长芦大道（104国道）为主轴线，北至朔黄铁路、南至新华区与沧县行政区域界、西至千童大道、东至饶安大道，占地约26平方公里。聚集区发展定位为打造立足沧州市，依托黄骅综合大港，覆盖冀中南、鲁西北，辐射西北地区，以省际物流集散功能为主，集货运配载、信息服务、仓储、交易、流通加工、展示、城市生活配送、公铁联运等物流服务于一体的综合服务型物流聚集区。聚集区规划为三个功能分区：一是北部现代物流功能区，二是中部商贸服务功能区，三是南部现代农业功能区。

（19）唐山路南现代物流产业聚集区。路南物流园区有四通八达的交通优势，位于京沈、唐津、唐港 3 条高速交会处，京山铁路、205 国道、城市外环线穿行境内，距唐山机场仅 15 公里，是离曹妃甸深水大港和即将建成的保税港区最近的中心城区，已形成海陆空立体交通运输格局。

（20）河北青龙物流产业聚集区。河北青龙物流产业聚集区（肖营子镇）地理位置优越，地处承秦高速、京哈高速连接线交会处，京沈高速连接线贯穿南北，承秦高速连接线横亘东西，距青龙县城 25 公里，距离京沈高速迁安入口 50 公里，距承秦高速八道河出口、承秦出海公路不足 5 公里；距秦皇岛港口 106 公里，距京唐港 135 公里，距曹妃甸港口 175 公里，距天津港 200 公里。

（21）唐山西部商贸物流园区。唐山西部商贸物流园区位于唐山市路北区西部，分为西区和北区，规划总用地面积 1161.4 公顷（17419.7 亩）。其中，西区规划范围东起津秦客运专线，西至西外环快速路以西 500 米，南达许各寨村，北抵长宁道，规划用地面积为 1039.7 公顷。北区规划范围东起大里路，西至铁路线，南达荣华道，北抵西北外环路，规划面积为 121.7 公顷。园区东邻唐山火车西站和唐山客运西站，西靠西外环高速，北距唐山三女河机场约 15 分钟车程，南至曹妃甸港、京唐港 1 小时车程，"铁路、公路、航空、港口"立体交通网络体系完备，是唐山与京津直接连接带的端点。

（22）邢台会宁综合物流聚集区。邢台会宁综合物流聚集区选址于邢台县会宁镇。聚集区四至范围及起步区以省直有关部门按照土地利用总体规划审核批准的区域为准。

园区物流产业布局按照功能定位，形成综合商贸区、专业市场区、仓储物流区、中心服务区与配套服务区。重点发展汽车装备等工业品物流，依托德龙钢铁、装备制造等工业和新材料、新能源汽车等新兴产业，做大做强工业品物流。

（23）邯郸国际陆港物流园区。邯郸国际陆港物流园区位于邯郸市主城区西南部，南环路以南、京广铁路线以西、南水北调中干渠以东、邯山区与磁县分界线以北区域，按照"一园三区"布局，东区为配套服务区，西区为保税物流园区，规划面积 9500 亩，南水北调以西为扩展区，规划面积 6600 亩，主要功能为临港加工和仓储配送。东区规划面积 2700 亩，预计总投资 300 亿元。

（24）石家庄西北物流产业聚集区。石家庄西北物流产业聚集区位于石闫线—京昆高速—古运河以西、西柏坡高速—大河路以北、石闫线—宜微线以南、鼎鑫路以东合围区域。规划控制面积 48 平方公里，规划占地面积 25.2 平方公里，规划期限为 9 年（2012 ~ 2020 年）。园区主要分为"一城"（现代商贸城）、"一带"（产业物流聚集带）、"一基地"（国家战略物资储备基地），共十大节点（现代物流城、农产品物流园、电子信息物流园、商贸物流加工中心、机电产品物流园、新型建材定制加工中心、公铁联运中心、战略物资储备基地、钢铁物流园、大宗商品流通加工区）。

2. 河北省主要物流园区营运现状

（1）主要物流园区货运量及货运周转情况。河北省主要物流园区在 2013 ~ 2017 年全年完成货运量及货运周转量具体情况如表 3-19 所示。

表 3-19　2013 ~ 2017 年河北省主要物流园区货运量

年份	全年完成货运量 （亿吨）	同比增速（%）	货物周转量 （亿吨公里）	同比增速（%）
2013	25.10	3.29	11715.10	8.03
2014	21.10	−15.94	12631.40	7.82
2015	23.10	9.48	12936.90	2.42
2016	21.10	−8.66	12339.20	−4.62
2017	22.90	8.53	13383.60	8.46

由表 3-19 数据可以看出，河北省主要物流园区 2014 年全年货运量降低速率最快；其货物周转量 2013 ~ 2015 年虽然在增长，但是增长速率逐渐降低，2017 年的增长幅度最大。

（2）2013 ~ 2017 年河北省主要物流园区吞吐量情况。河北省主要物流园区在 2013 ~ 2017 年的全年港口货物吞吐量以及集装箱吞吐量情况如表 3-20 所示。

表 3-20　2013 ~ 2017 年河北省主要物流园区货物周转量

年份	全年港口货物吞吐量（亿吨）	同比增速 (%)	集装箱吞吐量（万标准箱）	同比增速 (%)
2013	8.90	17.11	134.60	49.56
2014	9.50	6.74	183.70	36.48
2015	9.10	–4.21	252.50	37.45
2016	9.50	4.40	305.10	20.83
2017	10.90	14.74	374.30	22.68

由表 3-20 可以看出，2013 年河北省主要物流园区全年港口货物吞吐量增长速度最大，2017 年港口货物吞吐量最多，集装箱吞吐量逐年增加。

（四）物流园区辐射力现状

1. 辐射力的测度理论

断裂点理论是关于城市之间或者区域之间产生的一种互相作用的理论。是 P.D. Converse 于 1949 年在 W.J. Reill 的"零售引力规律"基础上进一步发展所得的理论。断裂点理论非常清晰地向我们展示了城市之间或者区域之间对周围城市或者地区吸引力的强弱与它的规模大小成正比，与城市或周围地区的直线距离的平方成反比。该理论认为，城市或者区域之间存在辐射能力的相平衡的点，叫作断裂点，将一个城市周围的断裂点用线连接后就可以得出这个城市的辐射范围。

各个物流园区的发展也在一定程度上影响着周边物流园区的发展，影响程度因各个园区的规模大小而有所不同。现将断裂点理论应用于物流园区的辐射能力的分析之中，进而得到所研究的物流园区辐射能力的大小。

$$L_{ac} = \frac{L_{ab}}{1 + \sqrt{M_b/M_a}} \tag{3-1}$$

式（3-1）中，L_{ac} 表示第 a 个物流园区到断裂点 c 的距离；M_a、M_b 为园区 a、b 货物处理能力的大小；L_{ab} 为 a、b 两个物流园区之间的直线距离。

$$F_{ac}=qE=K_a\frac{qQ_a}{R_{ac}^2} \tag{3-2}$$

式（3-2）中，F_{ac} 为第 a 个物流园区在 c 点处的辐射能力；q 为 a 物流园区在 c 点处的物流需求量；E 为 a 物流园区在 c 点处的物流场强；K_a 为园区面积；Q_a 为 a 物流园区的货物周转量；R_{ac} 为 a 物流园区到断裂点 c 的距离。

断裂点 c 处是物流园区 a、b 辐射的平衡点，所以它们在该点处的辐射能力也是相等的，即 $F_a=F_b$。c 点到两个物流园区的运输距离分别为 R_a、R_b，直线距离分别为 d_a、d_b，物流园区 a、b 之间直线距离为 d，从中可以知道 $d=d_a+d_b$，满足 $R_a=\varepsilon_a d_a$，$R_b=\varepsilon_b d_b$，其中 ε_a、ε_b 为延展系数。综上得出两个物流园区的辐射距离分别为：

$$\begin{cases} d_a=\dfrac{\varepsilon_b d}{\varepsilon_b+\varepsilon_a\left(\sqrt{M_b/M_a}\right)} \\[3mm] d_b=\dfrac{\varepsilon_a d}{\varepsilon_a+\varepsilon_b\left(\sqrt{M_a/M_b}\right)} \end{cases} \tag{3-3}$$

在改进断裂点模型（3-3）中，d_a 是物流园区 a 距离辐射范围分界点的半径；d_b 是物流园区 b 距离辐射范围分界点的半径；在两个物流园区 a、b 的连线上，距离 a 的直线距离 d_a 的点，距离 b 直线距离 d_b 的点，都是两个物流园区在 ab 方向上的断裂点。

2. 改进断裂点模型中系数的确定

（1）各个物流园区货物处理能力的确定。M_a、M_b 分别为园区 a、b 货物处理能力的大小。本书通过分别查询京津冀三地区统计年鉴的相关数据，选取 2017 年京津冀主要园区的占地面积和货物周转量的数据，将数据代入式（3-4）计算出各个物流园区货物处理能力的大小，即：

$$M_a=\sqrt{K_a Q_a} \tag{3-4}$$

京津冀主要物流园区货物处理能力的具体数值如表 3-21 所示：

表 3-21　京津冀主要物流园区的货物处理能力

地区	物流园区	园区占地面积（平方公里）	货物周转量（亿吨）	货物处理能力（吨·公里）
北京	通州马驹桥	5.04	216.53	33.04
	顺义空港	1.55	66.59	10.16
	大兴京南	6.71	288.28	43.98
	平谷马坊	3	128.89	19.66
天津	空港快递物流园	0.4	135.19	7.35
	东疆港快递物流园	1.89	638.76	34.75
	武清快递物流园	3.45	1165.99	63.42
河北	沧州渤海新区物流产业聚集区	2400	10690.20	5065.22
	曹妃甸物流产业聚集区	310	1380.82	654.26
	唐海曹妃甸新区临港产业园区	60	267.26	126.63
	石家庄市南部综合物流产业聚集区	30	133.63	63.32
	迁安北方钢铁物流产业聚集区	28.31	126.10	59.75
	沧州市沧东物流产业聚集区	26	115.81	54.87
	石家庄西北物流产业聚集区	25.2	112.25	53.18
	唐山丰润区北方现代物流城	23.8	106.01	50.23
	丰南物流产业聚集区	20.13	89.66	42.48
	秦皇岛临港物流园区	18.5	82.40	39.04
	遵化市现代物流区	15.6	72.43	33.61
	邢台桥西龙岗综合物流产业聚集区	15.44	69.49	32.75
	邢台综合物流产业聚集区	15.44	68.77	32.59
	张家口通泰物流产业聚集区	12	68.77	28.73

（2）各个物流园的延展系数确定。本书园区间的距离是在电子地图上测量所得，而在物流园区实际运输作业过程中，运输路线的实际长度很难确定，且通常和两地的直线距离是不相等的。在大区域的计算当中，可以直接将运输距离视为直线距离，但当选取的区域范围比较小的时候，运输距离与直线距离之间的比例系数对计算结果就会产生较大的影响，因此需要引入延展系数，这样就可以在计算园区的辐射半径以及做辐射范围图的时候更加符

合实际情况。延展系数主要用于描述线路弯曲程度，指线路起讫点间的定线长度与包括经济据点在内的航空折线长度的比值。

延展系数的取值都大于 1，该取值与沿线地形、地质条件、平面与高程障碍的数量和分布、设计线采用的最大坡度与沿线路方向的地面平均自然纵坡的适应程度、经济据点的数量及其分布、施工技术水平以及设计思想等因素息息相关。在一般条件下，平原地区的延展系数取值范围为 1.05 ~ 1.2，丘陵地的延展系数取值范围为 1.2 ~ 1.3，山区地形的延展系数范围为 1.3 ~ 1.5（实际情况见表 3-22）。

表 3-22　各园区的延展系数

地区	物流园区	延展系数
北京	通州马驹桥	1.05
	顺义空港	1.1
	大兴京南	1.06
	平谷马坊	1.09
天津	空港快递物流园	1.05
	东疆港快递物流园	1.06
	武清快递物流园	1.05
河北	沧州渤海新区物流产业聚集区	1.08
	曹妃甸物流产业聚集区	1.05
	唐海曹妃甸新区临港产业园区	1.06
	石家庄市南部综合物流产业聚集区	1.08
	迁安北方钢铁物流产业聚集区	1.2
	沧州市沧东物流产业聚集区	1.06
	石家庄西北物流产业聚集区	1.25
	唐山丰润区北方现代物流城	1.08
	丰南物流产业聚集区	1.05
	秦皇岛临港物流园区	1.06
	遵化市现代物流区	1.08
	邢台桥西龙岗综合物流产业聚集区	1.2
	邢台综合物流产业聚集区	1.06
	张家口通泰物流产业聚集区	1.25

3. 京津冀主要物流园区辐射力测度

（1）北京市主要物流园区辐射力测度。首先，在百度地图上标注出主要物流园区的地理位置，各个物流园区的所在地理位置位于北京市东南部分地区。

其次，将北京市 4 个主要物流园区依次作为起点园区，其他园区依次作为终点园区，测量出园区间直线距离具体数值（见表 3-23），从数据上可以更清晰地看出各个物流园区的远近程度，如距离顺义空港物流园区最近的为平谷马坊物流园区。

表 3-23　北京市主要物流园区间直线距离　　　　　　　单位：公里

	通州马驹桥	顺义空港	大兴京南	平谷马坊
通州马驹桥	0	—	—	—
顺义空港	40.6	0	—	—
大兴京南	23	53	0	—
平谷马坊	51.5	36	72.9	0

将所需数据代入式（3-3），经计算分别得出起点园区与终点园区到断裂点之间的直线距离以及平均辐射半径。经过计算，通州马驹桥的平均辐射半径为 24.79 公里；顺义空港的平均辐射半径为 10.24 公里；大兴京南的平均辐射半径为 35.75 公里；平谷马坊的平均辐射半径为 21.56 公里。连接园区周围断裂点，进行平滑处理，得到北京主要物流园区辐射范围。从园区辐射面积中可以看到各个物流园区的辐射范围既有重合部分，又有小部分地区不在各个物流园区辐射范围内。这说明物流园区的服务范围、服务对象等存在较大范围重复覆盖情况，物流相关资源存在一定的竞争关系；对于未被辐射范围覆盖的区域，需要进一步合理扩展业务范围。

（2）天津市主要物流园区辐射力测度。首先，在百度地图上标注出天津市主要物流园区的地理位置。

其次，将天津市 3 个主要物流园区依次作为起点园区，其他园区依次作为终点园区，测量出园区间直线距离具体数值（见表 3-24），从数据上可以更清晰地看出各个物流园区远近程度，如空港快递物流园区距离其他两个物流园区的距离相差不大。

表 3-24　北京市主要物流园区间直线距离　　　　单位：公里

	空港快递物流园	东疆港快递物流园	武清快递物流园
空港快递物流园	0	—	—
东疆港快递物流园	44.3	0	—
武清快递物流园	43.5	80	0

将所需数据代入式（3-3），经计算分别得出起点园区与终点园区到断裂点之间的直线距离以及平均辐射半径。经过计算，空港快递物流园的平均辐射半径为 6.16 公里；东疆港快递物流园的平均辐射半径为 32.32 公里；武清快递物流园的平均辐射半径为 45.42 公里。连接园区周围断裂点，进行平滑处理，得到天津主要物流园区辐射范围。从园区辐射面积可以看到，空港快递物流园辐射范围分别与武清快递物流园、东疆港快递物流园辐射范围有重合部分，且天津市有未被物流园区辐射范围覆盖的区域。这说明天津市物流园区的服务范围、服务对象有重复覆盖情况，物流相关资源存在一定的竞争关系；对于未被辐射范围覆盖的区域，需要进一步合理开拓服务业务与对象。

（3）河北省主要物流园区辐射力测度。首先，在百度地图上标注出河北省主要物流园区的地理位置，各个物流园区的所在地理位置集中在河北省南部部分地区以及东部部分地区。

将河北省 14 个主要物流园区按照 1 ~ 14 顺序编号，再依次作为起点园区，其他园区依次作为终点园区，测量出园区间直线距离，然后将所需数据代入式（3-3），经计算分别得出起点园区与终点园区到断裂点之间的直线距离以及平均辐射半径。经过计算，沧州渤海新区物流产业聚集区的平均辐射半径为

213.98 公里；曹妃甸物流产业聚集区的平均辐射半径为 155.47 公里；唐海曹妃甸新区临港产业园区的平均辐射半径为 155.47 公里；石家庄市南部综合物流产业聚集区的平均辐射半径为 125.33 公里；迁安北方钢铁物流产业聚集区的平均辐射半径为 118.62 公里；沧州市沧东物流产业聚集区的平均辐射半径为 105.03 公里；石家庄西北物流产业聚集区的平均辐射半径为 106.07 公里；唐山丰润区北方现代物流城的平均辐射半径为 106.01 公里；丰南物流产业聚集区的平均辐射半径为 96.19 公里；秦皇岛临港物流园区的平均辐射半径为 126.25 公里；遵化市现代物流区的平均辐射半径为 86.22 公里；邢台桥西龙岗综合物流产业聚集区的平均辐射半径为 91.99 公里；邢台综合物流产业聚集区的平均辐射半径为 105.03 公里；张家口通泰物流产业聚集区的平均辐射半径为 87.17 公里。最后得出每一个物流园区的辐射范围，以及整合在一起后的综合辐射范围。每个物流园区的辐射范围形状各异，从综合辐射范围图中可以看出各个物流园区的辐射范围有很多重复覆盖部分。

将各个园区辐射范围按照重叠次数进行展示，以此可以更加清晰、直观地看出各个物流园区的重复覆盖情况，颜色越深，表明覆盖重复次数越多。

五、小结

本章运用物流场力、场强和断裂点理论构建了断裂点计算公式，计算出物流园区与周围物流园区之间到断裂点的距离，进一步求出该园区的平均辐射半径；利用物流园区面积、货物周转量计算出物流园区货物处理能力；根据电子地图的地理位置显示，测量出了园区间的直线距离，以及合理地确定了延展系数，并将最终的辐射范围以图的形式进行展现。

通过对京津冀主要物流园区进行实例验证，笔者得到以下结论：

第一，通过京津冀主要物流园区的实例计算得出了各个物流园区的辐射范围，从而印证了本书所使用的方法具有合理性。

第二，从图中结果来看，每个物流园区的辐射范围或多或少都会有一定的重合区域。所以，在今后的物流园区发展过程中，利用"互联网＋物流园区""大数据＋物流园区"的科技手段，建立信息共享平台，共同参与市场对物流需求的预测，优化物流资源配置，促进物流企业之间更好地协作，可以确保信息流的及时性和流畅性，并尽可能地减小物流供应链上各方利益相关者之间的信息不对称现象，实现物流信息的有效传播。

第三，除此之外，图中也有未被覆盖区域，因此可以根据理论数据和实际情况合理安排物流园区位置或者增设物流园区，以达到京津冀区域全覆盖，切实服务到群众。

第四，物流园区在今后的运营过程中应按照相应规章制度公开物流信息数据，这样就可以缩短信息在供应链上的传递时间，使最初供给信息与最终需求信息连接紧密，也有助于从整体上规划物流任务，聚集有限的资源并统一管理与运作，最终实现京津冀一体化发展战略，实现京津冀物流园区收益最大化。

第四章

京津冀物流基础设施一体化评价体系设置

　　物流一体化是京津冀协同发展战略的重要内容，是促进京津冀地区城市化、信息化、市场化和国际化发展，提升综合竞争力的重要举措。京津冀区域物流合作程度逐年加强，参与区域物流合作主体呈多元化态势，以基础设施建设为主要合作内容。京津冀一体化已经进入要素一体化阶段。著名物流专家杨达卿指出，要有现代交通和物流的基础保障，才能吸引企业入驻，进而形成产业生态链。[①] 物流基础设施是物流一体化的关键要素，测度现阶段物流基础设施一体化发展水平有助于找出与京津冀物流一体化发展目标的差距，为进一步完善物流基础设施建设提供参考依据。

　　京津冀物流基础设施呈现以北京为中心的放射型结构布局，但是区域发展很不均衡，北京、天津、石家庄等主要城市道路交通设施比较发达，其他城市则相对比较落后。京津冀物流中心以及货运枢纽较为分散，"枢纽城市的铁路、公路与港口之间衔接不够合理，货物换装环节多"，势必会增加物流成本，降低流通效率。这些问题在一定程度上阻碍了京津冀区域物流一体化的发展。设计物流设施一体化测度指标，监测物流基础设施一体化发展水平有助于及时发现一体化发展的问题，加快一体化进程。由于物流基础设施一体化涉及多部门、多地区，牵涉面广、情况复杂，需要结合

---

① http://finance. ifeng. com/a/20130910/10644886_0. shtml.

每个阶段的特点分阶段设计测度指标。

一、物流设施一体化发展路径

经济学家巴萨在《经济一体化理论》一书中指出，"一体化是一种进程，又是一种状态"。物流一体化是连续量变的过程，基于质量互变规律将京津冀物流一体化进程划分为由中心向周围辐射的"点—线—面"的三个阶段。"点"即物流一体化形成阶段，是京津冀三地内部物流系统重构与优化的阶段；"线"即物流一体化成长阶段，是京津冀之间物流系统重组与优化的阶段；"面"即物流一体化成熟阶段，是京津冀与外部物流系统对接与协调的阶段。物流基础设施作为京津冀物流一体化的重要组成部分，一体化进程也遵循"点—线—面"的发展路径。点阶段的发展重点是优化与重组各区域内部的物流基础设施；线阶段的发展重点是区域间物流基础设施的相互融通；面阶段的发展重点是京津冀与周边区域物流基础设施的互联互通（见图4-1）。

（一）点阶段

点阶段是物流一体化形成初期，各类生产要素开始在三个地区间流动，主要发展目标是优化重组现有的物流基础设施，努力实现各自区域内物流园区与公路、铁路、水运、航空设施连接畅通无阻，区域内部无物流盲点，为线阶段实现区域间互通打好基础。围绕交通枢纽建设物流园区是实现点阶段一体化的重要发展方式。物流园区是多种物流设施和不同类型物流企业在空间上集中布局的场所和集结点，也是多种运输方式一体化运作的衔接地。物流园区与交通设施顺利衔接成为区域物流一体化的基础保障，衔接度越高代表本地区物流基础设施一体化程度越高。

（二）线阶段

在线阶段，京津冀建立起共同的物流市场，进一步消除了对生产要素流

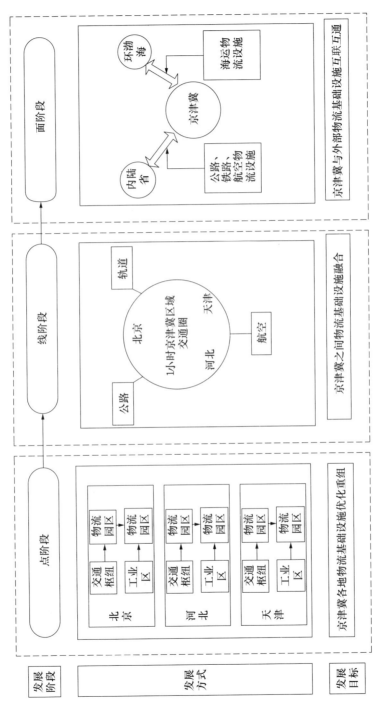

图 4-1　京津冀物流设施一体化发展路径

动的限制，实现成员间技术、资本、劳动力等要素的自由流动。本阶段主要发展目标是力争实现京津冀三地之间的互联互通，打造1小时京津冀区域交通圈。嫁接物流干线是线阶段物流一体化的重要发展方式，组建干线铁路、城际铁路、联络线等多层次轨道交通体系，构建"轨道上的京津冀"。北京作为京津冀的核心，以内陆核心区域一体化模式为指导，规划和嫁接好联通京津冀的铁路、公路、航空等物流主干线，形成以北京为核心，以天津、石家庄等城市为中心，多层级城市群的物流圈。快捷的运输方式提高了物流效率、降低了物流成本，核心城市与中心城市之间交通方式的便捷度成为线阶段京津冀物流基础一体化程度的主要标志。

（三）面阶段

在面阶段，京津冀应形成经济同盟，三地之间完全实现要素的自由流动，主要发展目标是与周边地区的互联互通。从地理位置上看，京津冀东邻渤海，其余三面毗邻多个内陆省份，可依据内陆边界型和海洋边界型混合型的物流模式实现京津冀与外部地区之间物流基础设施的互联互通。

毗邻内陆的区域重点建设公路、铁路和民航设施，依托"一带一路"倡议，使京津冀成为连接"丝绸之路经济带"与沿海地区的重要纽带。京津冀基础设施建设需要跨越多个省市，物流一体化发展受到各个省市之间制度、地理、人文等因素的影响，情况比较复杂，因此京津冀地区与周边地区物流基础设施畅通程度越高标志着物流一体化程度越高。

沿海区域着力优化整合港口资源，打造面向东北亚的北方门户，成为环渤海北方国际航运中心，形成优势互补、分工合理、合作竞争的港口群，使京津冀成为"21世纪海上丝绸之路"主要的贸易通道。环渤海640公里海岸线上分布着众多港口，它们的地理位置比较接近，经济腹地几乎相同，存在重复建设、同质化竞争问题，相互之间为争夺煤炭、矿石、原油货源常引发不良竞争。京津冀物流一体化有助于优化整合港口资源，发挥沿海优势。

因此，港口群差异化和国际化营运格局成为物流设施一体化、实现环渤海与周边地区与国家互联互通的重要体现。

二、物流设施一体化测度体系

京津冀物流一体化发展路径反映出一体化过程具有阶段性，各阶段发展目标的侧重点和发展方式存在明显差异，依据阶段性特点设计物流设施一体化测度指标才能准确反映京津冀一体化发展水平。在点阶段，以物流园区为对象，根据物流园区的衔接度和均衡性，测度京津冀区域内部物流设施一体化程度；在线阶段，以物流节点城市和主要城市为研究对象，根据公路、铁路和航空设施立体交通网络的覆盖与通达情况，测度京津冀间物流设施一体化程度；在面阶段，以陆运和海运设施为研究对象，根据京津冀与毗邻内陆、沿海地区的物流设施对接情况，测度京津冀整体与周边区域的物流设施一体化程度。

（一）点阶段测度指标

物流园区是构建区域物流网的重要连接点，物流园区与交通设施衔接程度以及物流园区布局的均衡性是物流设施一体化的重要体现。点阶段从衔接度和均衡性两个方面设计一体化的测度指标。

1. 衔接度

衔接度是指物流园区距交通枢纽之间的流转距离。流转距离越短，生产商配送成本越低，一体化水平就越高；流转距离越长，配送成本越高，一体化水平就越低。将流转距离记为 $\overline{D}$，则计算公式如下：

$$\overline{D} = \frac{\sum_i^n D_i}{n}$$

其中，D_i 代表第 i 个物流园区距最近的交通枢纽的距离。

2. 均衡性

物流园区空间布局的均衡性也是反映点阶段物流一体化的重要指标，布局越均衡越有利于不同运输方式的集结。空间布局均衡性从园区间距离与辐射半径两个方面测度。假设 A 和 B 是相距最近的两个物流园区，若 A、B 之间的距离等于两个物流园区的辐射半径之和，表示物流园区布局均衡（见图 4-2）。如果 A、B 之间的距离大于或者小于辐射半径之和，则表示不均衡，其中大于意味着现有的物流园区不饱和（见图 4-3），不能满足物流需求，应该扩大物流园区规模；小于意味着现有物流园区规模过饱和（见图 4-4），已经超过了本区域物流需求，应该控制物流园区规模。

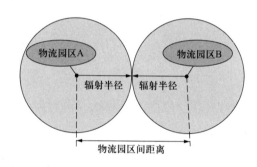

图 4-2　物流园区布局均衡

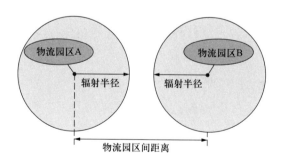

图 4-3　物流园区布局不均衡（不饱和）

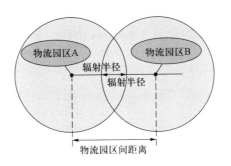

图4-4 物流园区布局不均衡（过饱和）

将区域物流园区布局均衡性记为 $\overline{JH}$，其取值越大表示空间布局越不均衡，越小代表越均衡。$\overline{JH}$ 的计算公式如下：

$$\overline{JH}=\frac{\sum_{j=1}^{n}JH_{ij}}{n}$$

$$JH=\frac{\sum_{ij=1}^{n}\frac{(R_i+R_j)}{DB_{ij}}}{n}$$

其中，JH_{ij} 代表两个相邻且距离最短的物流园区辐射半径之和与它们之间距离之差；R_i、R_j 分别代表两个物流园区的辐射半径；DB_{ij} 代表两个物流园区之间的距离。

根据断裂点理论，采用计算断裂点及其场强的计算方法，得到基于场强的物流园区的辐射半径 R_j，计算步骤如下：

首先，根据断裂点公式计算物流园区 i 与相邻物流园区间断裂点的距离 L_{ik}。

$$L_{ik}=\frac{DB_{ij}}{1+\sqrt{\frac{M_j}{M_i}}}$$

其中，L_{ik} 为第 i 个物流园区到断裂点 k 的距离；M_i、M_j 为园区 i、园区 j 规模（通常用货物处理能力表示）；DB_{ij} 为 i、j 两园区间的距离。

其次，计算物流园区 i 在 k 点的辐射力大小，即场强 F_{ik}。

$$F_{ik} = \frac{M_i}{L_{ik}^2}$$

最后，计算物流园区辐射半径。假定第 i 个物流园区的周边有 j 个物流园区，物流园区 i 平均辐射半径 $\overline{R}_{ik}$ 为第 i 个物流园区到 j 个物流园区断裂点的平均距离，公式如下：

$$\overline{R}_{ik} = \sum_{k=1}^{j} L_{ik} \frac{F_{ik}}{\sum_{k=1}^{j} F_{ik}}$$

（二）线阶段测度指标

在线阶段，主要从公路、铁路、航空等设施的区域可达性和覆盖率来测度京津冀之间物流基础设施的互联互通情况。

1. 可达性

可达性又称通达性，是从一个地方到另一个地方的容易程度，是进行物质、能量、人员交流的方便程度与便捷程度，是评价区域交通网络能否优质、高效完成运输任务的综合性评价指标。区域可达性用通达指数来测度，它是指网络中从一个顶点到其他顶点的最短路径。大卫·哈维在《地理学的解释》中提到，"距离不能独立于某种活动外而确定，因此度量是为活动和物体的影响所决定的，这样的距离概念具有相对性"。物流活动的距离主要指时空距离，时间距离越短表示可达性越强，空间距离越短表示可达性越强，因此计算每种运输方式的通达指数需要结合时间和空间两方面设计。航空、公路和铁路是三种重要的运输方式，其通达性存在较大差异。京津冀物流节点城市间航空网、铁路网和公路网覆盖区域并不完全一致，有些地区三网均能覆盖，有些地区只能覆盖一种或者两种物流运输网。三种物流运输网络的时间不具有可比性，应该根据不同运输方式分别计算时间距离。在测算两地间的空间距离时应该区分不同类型的运输网，分别计算公路、铁路和航空的可达性，设计三个指标进行测度。

（1）飞机通达指数。乘坐飞机从某一个地方出发到其他各城市单位空间距离耗费的时间成本，数值越大代表通达性越低，反之越强。计算公式如下：

$$K_{i 航空} = \frac{\sum_{j=1}^{n} b_{ij}}{\sum_{j=1}^{n} a_{ij}}$$

（2）火车通达指数。乘坐火车从某一个地方出发到其他各城市单位空间距离耗费的时间成本，数值越大代表通达性越低，反之越强。计算公式如下：

$$K_{i 火车} = \frac{\sum_{j=1}^{n} c_{ij}}{\sum_{j=1}^{n} a_{ij}}$$

（3）汽车通达指数。乘坐汽车从某一个地方出发到其他各城市单位空间距离耗费的时间成本，数值越大代表通达性越低，反之越强。计算公式如下：

$$K_{i 汽车} = \frac{\sum_{j=1}^{n} d_{ij}}{\sum_{j=1}^{n} a_{ij}}$$

其中，a_{ij} 代表城市 i 到城市 j 的空间距离，$a_{ij}=a_{ji}$；b_{ij} 代表城市 i 到城市 j 乘坐飞机的时间距离，$b_{ij}=b_{ji}$；c_{ij} 代表城市 i 到城市 j 乘坐火车的时间距离，$c_{ij}=c_{ji}$；d_{ij} 代表城市 i 到城市 j 乘坐汽车的时间距离，$d_{ij}=d_{ji}$。

2. 路网覆盖率

路网覆盖率是公路、铁路和航空交通基础设施覆盖程度，覆盖率越高表示交通越发达、区域间物流运输越便捷、物流设施一体化程度越高。

《京津冀协同发展交通一体化规划》提出，轨道建设要连接京津冀所有地级及以上城市，在线路规划范围内 10 万及以上人口的城镇设站。铁路覆盖率可以从覆盖城镇数量和开通里程两方面衡量，设计铁路城镇覆盖率和铁路线路长度覆盖率两个指标，计算公式如下：

$$铁路城镇覆盖率 = \frac{开通铁路城市数量}{地级市数量} \times 100\%$$

$$铁路线路长度覆盖率 = \frac{已开通铁路线路里程}{地级市间网距离} \times 100\%$$

根据《交通运输"十二五"发展规划》中覆盖 90% 以上的 20 万人口以

上城镇的要求，公路网主要考察高速公路覆盖人口规模达到 20 万以上城镇的情况。设计高速公路城镇覆盖率和高速公路线路长度覆盖率两个指标，计算公式如下：

$$高速公路城镇覆盖率 = \frac{高速公路途经城镇数量}{规模以上城镇数量} \times 100\%$$

$$高速公路线路长度覆盖率 = \frac{高速公路线路里程}{规模以上城镇间网距离} \times 100\%$$

《国家新型城镇化规范（2014-2020）》提出，民航网覆盖目标是航空服务覆盖全国 90% 的人口。通常情况下，航空服务覆盖范围是以机场为圆心方圆 100 公里内的地域。人口规模和面积是衡量航空路网覆盖率的重要因素，设计航空服务人口覆盖率和航空服务面积覆盖率用于测度京津冀区域内航空路网覆盖情况，计算公式如下：

$$航空服务人口覆盖率 = \frac{机场方圆 100 公里内人口规模}{区域人口规模} \times 100\%$$

$$航空服务面积覆盖率 = \frac{机场方圆 100 公里内面积}{区域面积} \times 100\%$$

考虑到指标的可操作性和数据的可得性，将以上六个指标转化为以下三组指标来测度路网覆盖率。

（1）高速铁路城镇覆盖率，即开通高铁的城市占全部县级以上城市的比重。计算公式如下：

$$高速铁路城镇覆盖率 = \frac{开通高速铁路城市数量}{县级市数量} \times 100\%$$

（2）高速公路城镇覆盖率，即开通高速公路的城市占全部县级以上城市的比重。计算公式如下：

$$高速公路城镇覆盖率 = \frac{高速公路途经城镇数量}{县级市数量} \times 100\%$$

（3）航空覆盖率，即具有民用运输机场的城市占全部地级以上城市的比重。计算公式如下：

$$航空覆盖率 = \frac{通航城市数量}{地级以上城市数量} \times 100\%$$

（三）面阶段测度指标

在面阶段，京津冀已经一体化为完整的系统，根据系统开放性原理，系统与外界环境进行物质、能量和信息交换是系统得以向上发展的前提和稳定存在的条件。物流基础设施是物质交换的渠道，畅通的渠道可以提高资源流通的效率，节约时间和人力成本。京津冀通过与周边地区进行大量的物质交换来维持本地区的发展和稳定，搭建多层级的交通路网，打通京津冀与周边区域的物流大动脉，成为京津冀及其周边地区发展的有力保障。

根据京津冀地理位置的特点，其与周边区域物流基础设施畅通程度可以从陆运与海运两个方面衡量。陆运方面主要测度京津冀与周边内陆省份物资交换网络的畅通程度；海运方面主要测度京津冀港口群与其他地区物资交换网络的畅通程度。

1. 陆运对接程度

京津冀与周边省份陆运对接程度主要从公路和铁路两个方面考察。我国省际公路连接点的瓶颈随处可见，经常出现一方边界处是等级公路，而另一边界对接的却是坑洼不平的低等级公路的现象。公路连接点的瓶颈影响了陆运交通网畅通运转，阻碍了一体化发展进程。设计公路衔接程度统计指标可以直接反映省际公路网的顺畅程度。京津冀作为连片地理区域，与内陆各省市接壤，因此主要考察京津冀与周边省份的国道、高速公路的对接情况。如果两方的公路等级一致可视为全面对接，否则视为非全面对接。省际公路网衔接程度的计算公式如下：

$$省际公路网衔接程度 = \frac{全面对接公路数量（条）}{省际公路数量（条）} \times 100\%$$

我国铁路建设遵循统一的国家标准，除了云南省有部分窄轨铁路外，国内铁轨宽度均为标准轨，各省铁路不会出现铁路等级不一致的瓶颈。

"十三五"期间，我国铁路建设的重点是加快完善高速铁路网和加快建成高效快捷的货运铁路网。高速铁路网和货运铁路网的建设情况直接关系到省际铁路网能否顺利对接，因此设计高速铁路网和货运铁路网衔接程度指标反映省际高速铁路和省际铁路衔接程度。省际高速铁路网衔接程度主要考察从京津冀境内通过的高铁连接河南、山东、山西、内蒙古、辽宁物流节点城市情况，其计算公式如下。高铁连接的物流城市越多表示省际高铁网衔接程度越高。

$$省际高速铁路网衔接程度 = \frac{高铁连接物流节点城市数量}{物流节点城市数量} \times 100\%$$

与高速铁路网相似，省际货运铁路网衔接程度主要考察从京津冀境内通过的货运铁路连接河南、山东、山西、内蒙古、辽宁物流节点城市情况，其计算公式如下。货运铁路连接的物流城市越多表示省际货运铁路网衔接程度越高。

$$省际货运铁路网衔接程度 = \frac{货运专线连接物流节点数量}{物流节点城市数量} \times 100\%$$

需要指出的一点是，由于省际公路网衔接程度指标在计算时所需的数据资料无法获得，在实际操作层面指标体系并没有包含该指标。

2. 海运对接程度

津冀沿海港口群一方面服务京津、华北及其西向延伸的部分地区；另一方面是东北亚国际航运中心的重要组成部分。京津冀海运对接程度主要体现在以下两个方面：一是港口群差异化运营程度，当京津冀海运与周边地区形成高度对接后，各港口有相对固定的合作伙伴，承运方根据港口的功能和设施选择货源，不会出现多个港口争夺共同货源的情况，港口呈现差异化运营，差异化程度越高，港口功能分工越合理，海运对接程度越高；二是港口群国际化程度，港口群是京津冀地区国际物流的枢纽，对国际贸易的发展起着重要作用，港口群高度国际化有利于实现京津冀港口群国际化对接，扩大京津冀在国际市场的辐射范围。

（1）差异化程度。京津冀港口分属河北、天津两地，缺乏统筹规划，对同类货源的争夺是同质化竞争最突出的问题，物流一体化可以在充分发挥港口优势的基础上，合理调配货源，形成差异化运营的格局。本书以重点港口的主要货源作为研究对象，设计货源差异度指标。

天津、唐山、秦皇岛和黄骅是京津冀港口群的重要组成部分，这四大主要港口的吞吐量近 15 亿吨，占全国港口吞吐量的 30%，因此选取这四大港口作为重点单位进行研究。2015 年，四大港口煤炭吞吐量占全国 31%，矿石占 20%，石油天然气占 20%。因此选择煤炭、矿石和原油三种主要货物测度港口货源的差异性。四大港口货源结构差异化运营程度越低，表示港口间存在恶性竞争的可能性越大，物流一体化程度越低。差异化运营程度越高，表示港口竞争越合理，物流一体化程度越高。差异性用同一种货源在不同港口吞吐量离散系数的倒数衡量，离散系数越大代表差异性越大，离散系数越小代表差异性越小。

港口差异度指主要货源在重要港口间吞吐量的差异度，差异度越大表示港口合理竞争，物流一体化程度越高；反之，一体化程度越低。计算公式如下：

$$港口差异度 = \sum_{i=1}^{n} V_i / n = \frac{\sum_{i=1}^{n} \frac{S_i}{\bar{x}_i}}{n}$$

其中，V_i 代表第 i 种主要货源的差异度，$\bar{x}_i$ 代表第 i 种主要实际货源吞吐量均值，S_i 代表第 i 种主要货源吞吐量标准差。

（2）国际化程度。由于国际集装箱运输具有运输效率高、经济效益好、服务质量优等特点，已成为世界各国保证国际贸易的最优运输方式，并出现了大型化、干线化的发展趋势。理论界研究普遍采用集装箱吞吐量和远洋干线数量作为衡量一个港口国际化竞争力的关键性指标。港口群国际化程度主要从集装箱和远洋航线两方面衡量。

由于集装箱吞吐量包含国内和国际两部分内容，为了更加准确地反映国际化程度,根据集装箱吞吐量设计集装箱吞吐国际率,设计集装箱国际化率这一结构相对指标来反映港口群国际化程度。

集装箱国际化率指对外贸易集装箱吞吐量占集装箱吞吐总量的比重。计算公式如下:

$$集装箱国际化率 = \frac{国际航运集装箱吞吐量}{集装箱吞吐总量} \times 100\%$$

远洋航线的长度和航行频率是港口群国际化程度的重要体现,航线长度体现了京津冀地区的国际辐射力。随着京津冀与国际地区间贸易往来日益密切,港口群国际辐射力增强,远洋航线长度和航行频率也会随之增加,综合长度和频率两方面因素设计远洋航线辐射度指标衡量港口的国际化程度,其计算公式如下:

$$远洋航线辐射度 = 航线里程 \times 航行频率 \times 时间范围$$

由于远洋航线辐射度在计算时所需的数据资料无法获得,在实际操作层面指标体系并没有包含该指标。

三、小结

本章以经济一体化理论与质量互变规律为理论支撑,提出京津冀物流设施一体化发展进程具有阶段性的特点,并根据各阶段的发展目标与发展方式设计了一套阶段性测度指标体系。在点阶段,以物流园区为对象,根据物流园区的衔接度和均衡性测度京津冀内部物流设施一体化程度;在线阶段,以公路、铁路和航空设施为研究对象,根据立体交通网络的覆盖与通达情况测度京津冀间物流设施一体化程度;在面阶段,以陆运和海运设施为研究对象,根据京津冀与毗邻内陆、沿海地区的物流设施对接情况测度京津冀整体与周边区域物流设施一体化程度。该测度体系在兼顾指标可操作的前提下,从"点""线""面"三个阶段分别设计评价指标,形成包括 3 个一级指标,6 个二级指标,12 个三级指标的最终评价体系,为评价京津冀物流设施一体化水平提供了量化手段（见表4-1）。

表4-1　物流设施一体化测度体系

一级指标	二级指标	三级指标
点阶段	衔接度	流转距离
	均衡性	均衡度
线阶段	可达性	飞机通达指数
		汽车通达指数
		火车通达指数
	路网覆盖率	高速铁路城镇覆盖率
		高速公路城镇覆盖率
		航空覆盖率
面阶段	陆运对接程度	省际高速铁路网衔接程度
		省际货运铁路网衔接程度
	海运对接程度	港口差异度
		集装箱国际化率

第五章

物流基础设施一体化
指标权重设置

一、权重设置研究评述

目前，国内外关于指标权重设置的方法有数十种之多，根据权重设置利用的原始数据及使用的计算方法不同，这些方法大致可分为以下两大类：定性赋权法和定量赋权法。

（一）定性赋权法

定性赋权法属于主观法，是从认识层面对各指标的重要程度进行赋权的方法，包括专家评分法、层次分析法等。专家评分法凭借其简便性、直观性成为被广泛采用的主观赋权法；层次分析法是在专家主观评价指标相对重要性的基础上，构造判断矩阵计算权重向量。这些方法的共性是根据专家的学术水平和经验对因素的重要程度做出判断，不足之处是过度依赖专家主观经验会影响权重设置的合理性。在某些个别情况下应用一种主观赋权法得到的权重结果可能会与实际情况存在较大差异。主观赋权法属于主观定性评价，包含不确定性，定性概念和定量数据之间普遍存在不确定性，尤其是随机性和模糊性，需要建立从数据到概念的转换模型，但是现有的主观赋权法缺乏客观定量分析，有的对打分结果进行硬性划分，如专家打9分就为"非常重要"，打8分就是"比较重要"，这种做法显然不够全面、深刻。

（二）定量赋权法

当专家无法通过经验给出指标权重时，就需要借助客观法对评价指标赋权。定量赋权法属于客观法，是根据决策问题本身所包含的数据信息而确定权重的方法，包括熵值法、标准离差法、CRITIC 法等。客观法以指标包含的信息量大小作为权重设置的标准。标准离差法和熵值法确定客观权重的基本思想是：某项属性的数据序列变异程度越大、提供的信息量越大，相对应的权系数就越大；CRITIC 法的基本思想是：如果指标的冲突性和对比强度越大，则权重越大。值得注意的是，设置指标权重不能脱离人们的主观认知，用客观法设置的指标权重应与主观感受尽量一致。在实际应用中，客观法测度的指标重要性可能出现与主观认知层面的重要性相左的情况，并不能如实反映指标的重要性。例如，指标 A 的熵大于指标 B，仅表示指标 A 的变异程度大于指标 B，但是指标 A 在综合评价的作用并不一定大于指标 B。

（三）主、客观赋权法的缺陷

第一，赋权形式的分离割裂了主观认知与客观存在之间的联系。统计学的基本思想强调"客观性与主观性的统一"和"定性分析与定量分析的统一"。权重被分成定性和定量两种赋权形式，无疑生硬分离了主观认知与客观存在。权重是从主观层面对客观事物重要程度的认知与评价，是客观存在与主观认知一致、统一的概念。定性与定量的赋权形式只是主观认知的不同表现。人们在定量的深入研究过程中，常常过于关注复杂的形式化的符号，却忽视了严谨的数学也要用自然语言作为支撑的事实。虽然定量分析是统计研究的特色，但是定量分析不能就数字论数字，客观对象外延必须紧扣主观认知的内涵，用各种方法计算出来的数字最终仍需要还原到指标重要程度的定性等级。

第二，忽略了人类认识的不确定性。人脑的思维不是纯数学，自然语言才是思维的载体，客观世界中有许多问题，特别是涉及复杂系统和人文社会，其最有效的知识表示方法还是自然语言。数值高低是权重的外延，"非常重要""重要""不重要"等这些自然语言才是权重的内涵，赋权过程需要发挥人的主观能动性，这在某种意义上导致了自然语言具有明显的模糊性和随机性，即不确定性。目前常用的定性、定量权重设置方法，如层次分析、量化加权、专家群体打分、控制论和定性分析等，虽然夹杂着一些数学模型和定量计算等，但都不能兼顾空间实体的随机性和模糊性。

综上所述，现有的权重设置方法没有体现认知的不确定性，忽视了定性与定量的联系与统一，需要引入定性与定性相结合、集成模糊性和随机性的权重设计手段。云模型借助云发生器可以实现定性权重到定量权重间的转化，以云图表现出权重认知的不确定性，与传统的方法相比，权重结果更加直观、具体，贴近人类认知，易于理解和接受。

二、云模型理论及其在权重设置上的应用

（一）云模型的基本理论

李德毅（1995）等率先针对模糊集合论中的隶属函数提出了隶属云的新思想，探讨了隶属云发生器的实现技术及应用场合，为云理论在社会科学和自然科学的传播与发展奠定了基石。云理论是一个分析不确定信息的新理论，由云模型、不确定性推理和云变换三部分构成。云模型是一个定性、定量转换的双向认知模型，是云变换和不确定性推理的基础。

1. 云模型的基本概念

设 U 是一个用精确数值表示的定量论域，C 是 U 上的一个定性概念，若定量值 $x \in U$，且 x 是定性概念 C 的一次随机实现，x 对 C 的确定度 $u(x) \in [0, 1]$ 是具有稳定倾向的随机数，则 x 在论域 U 上的分布称为云，每一个 x 称为一个云滴（见下式）。

$$\mu : U \rightarrow [0 , 1] \quad \forall x \in U \quad x \rightarrow \mu (x)$$

2. 云模型的数字特征

云模型是用数学期望 Ex（Expected Value）、熵 En（Entropy）和超熵 He（Hyper Entropy）三个数字特征表示整体表征的一个概念，如图 5-1 所示。期望 Ex（Expected Value）是定性概念的基本确定性的度量，是云滴在论域空间分布的数学期望。熵 En（Entropy）是定性概念的不确定性度量，由概念的随机性和模糊性共同决定，熵越大意味着代表定性概念的云滴的离散程度越大，被概念接受的云滴的确定度越低。超熵 He（Hyper Entropy）是熵的不确定性，直观上看是云的厚度，超熵越小表示对概念的接受程度越高，超熵越大表示对定性概念难以达成共识。

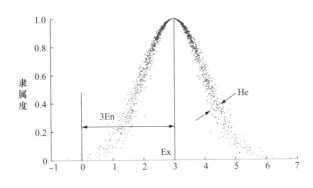

图 5-1　云模型数字特征

3. 云发生器

正向云发生器和逆向云发生器是云模型中两个最重要、最关键的算法。云模型包括正向云和逆向云两种基本算法。正向云算法能够实现从用数字特质表示的定性概念到定量数据集合的转换，是从内涵到外延的转换，正向云算法构成了正向云发生器（见图 5-2），利用三个数字特征生成云滴；逆向云算法能够实现从一组样本数据集合去获取表示定性概念的数字特征，是从外延到内涵的转换，逆向云算法构成了逆向云发生器（见图 5-3），根据云滴生成三个数字特征。

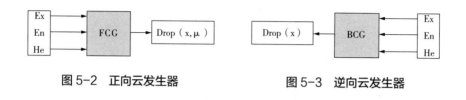

图 5-2　正向云发生器　　　　　　图 5-3　逆向云发生器

（二）云模型在确定指标权重方面的应用

云模型发展大致可以分为三个阶段：第一阶段（1995 ~ 2000 年）是云模型理论形成阶段；第二阶段是云模型理论完善阶段（2001 ~ 2004 年）；第三阶段是云模型应用拓展阶段（2005 年至今）。云模型问世以来在预测、综合评价、算法改进、智能控制、知识表示等领域得到了广泛应用。在综合评价领域中，研究者利用云模型设计指标权重弥补了常规权重设计方法的不足，即忽视主观认知的不确定性以及割裂定性与定量之间的联系，使得综合评价的结果更加可靠，代表性研究如下：

徐绪堪（2013）依托云模型，对小样本专家评价数据生成云模型，然后通过逆向云发生器补充大量评价数据并生成最终云模型，得到指标权重，有效提高信息系统与企业管理匹配指标权重的科学性和准确性。韩冰等（2012）在专家打分法基础上，借鉴指标因素分析法思想，给出指标的权重评价因素，提出一种基于云模型和指标权重评价因素的指标权重获取方法，采用云模型来实现指标权重因素评价的可视化寻优，权重结果客观合理，操作简便易行。王威等（2010）、伍华健等（2012）在专家打分的基础上，运用云发生器进行定性、定量的相互转换，然后采用均值法逆向云发生器算法生成云模型的数字特征，再由正向云发生器产生云图，多次反复，逐级可视化控制专家经验的收敛速度和质量，最终确定每个指标的权重。江迎（2012）、钟鸣（2013）以层次分析法为基础，结合云模型设计判断矩阵，一方面充分表现了判断者主观认知的模糊性和随机性，另一方面能使风险因子的权重确定得更加准确、客观，评价结果客观、可靠。

（三）云模型设置权重的优势

第一，充分体现权重的不确定性。客观世界具有不确定性，客观世界在人脑中的映射，即主观世界也应该具有不确定性。例如，评价物流一体化时，某一个指标属于"非常重要"，但是该指标重要程度多大，不同评判者对此有不同的理解。认知行为的不确定性使研究者不可能用一种严格精确的方式，也不可能用决定论的方式去探寻权重设计。云模型利用三个数字特征和云图可以直观、准确地反映指标重要程度的模糊性和随机性。

第二，实现定性和定量间的相互映射。云模型将定性与定量映射中存在的模糊性和随机性有效地完全集成在一起，研究其中蕴含的不确定性的普遍规律，既可以从自然语言值表达的定性信息中获得定量数据的范围和分布规律，也可以把精确数值有效转换为恰当的定性语言值，采用云模型进行复杂系统评估中的权重设置研究是可行的。

三、实证分析

（一）构建京津冀物流一体化评价指标集

京津冀一体化已经进入要素一体化阶段。著名物流专家杨达卿指出，要有现代交通和物流的基础保障，才能吸引企业入驻，才能形成产业生态链[①]。物流基础设施是物流一体化的关键要素，评价物流基础设施一体化发展水平可以反映京津冀物流一体化的基本面，所以甄选与基础设施有关的指标构建京津冀物流一体化评价指标集。

经济学家巴萨在《经济一体化理论》中指出，"一体化是一种进程，又

---

① http://finanee. ifeng. com/a/20130910/10644886_0. shtml.

是一种状态"。物流一体化是连续量变的过程，基于质量互变规律可将京津冀物流一体化进程划分为由中心向周围辐射的"点—线—面"的三个层面。"点"即物流一体化形成阶段，是京津冀三地内部物流系统重构与优化；"线"即物流一体化成长阶段，是京津冀之间物流系统的重组与优化；"面"即物流一体化成熟阶段，是京津冀与外部物流系统的对接与协调。物流基础设施作为京津冀物流一体化的重要组成部分，其一体化发展也遵循"点—线—面"的发展路径。各层面发展目标的侧重点和发展方式的表现形式存在明显差异，依据各层面特点设计物流设施一体化测度指标才能准确反映京津冀一体化发展水平。京津冀物流一体化评价指标集包括三级指标：一级指标包括 3 个，二级指标包括 6 个，三级指标包括 12 个，具体如表 5-1 所示。指标集记为：$U=\{U_1, U_2, \cdots, U_n\}$，其中 U_i（$i \in [1, n]$）是 U 中第一层的指标。$U_i=\{U_{i1}, U_{i2}, \cdots, U_{ij}\}$ 是 U 中第二层子指标 U_{ij} 的指标集，$U_{ij1}=\{U_{ij1}, U_{ij2}, \cdots, U_{ijn}\}$ 是 U 中第三层子指标 U_{ijk} 的指标集。

表 5-1　物流设施一体化测度指标

一级指标	二级指标	三级指标
点阶段 U_1	衔接度 U_{11}	流转距离 U_{111}
	均衡性 U_{12}	均衡度 U_{121}
线阶段 U_2	可达性 U_{21}	飞机通达指数 U_{211}
		汽车通达指数 U_{212}
		火车通达指数 U_{213}
	路网覆盖率 U_{22}	高速铁路城镇覆盖率 U_{221}
		高速公路城镇覆盖率 U_{222}
		航空覆盖率 U_{223}
面阶段 U_3	陆运对接程度 U_{31}	省际高速铁路网衔接程度 U_{311}
		省际货运铁路网衔接程度 U_{312}
	海运对接程度 U_{32}	港口差异度 U_{321}
		集装箱国际化率 U_{322}

（二）生成权重评语集云模型

根据物流领域专家对京津冀物流一体化因素影响强度定性语言的描述，将权重等级范围分为五个等级，指标权重大小描述为自然语言，即"不重要""次重要""一般重要""较重要""非常重要"，等级越高说明该因素影响强度越强。五个定性评语组成的权重评语集为 v=｛不重要、次重要、一般重要、较重要、非常重要｝，利用云模型可以将五个等级的概念均等映射到［0，1］区间，如表 5-2 所示。

表 5-2　权重等级数值范围及定性语言描述

权重范围	0 ~ 0.2	0.2 ~ 0.4	0.4 ~ 0.6	0.6 ~ 0.8	0.8 ~ 1
强度等级	一级	二级	三级	四级	五级
语言描述	不重要	次重要	一般重要	较重要	非常重要
期望值	0	0.3	0.5	0.7	1
熵	0.017	0.033	0.033	0.033	0.017
超熵	0.005	0.005	0.005	0.005	0.005

目前有两类生成云模型概念的方法：一类是以云变换为基础的数据统计方法，适用于大量数据的情况；另一类是基于黄金分割法的模型构建方法，适用于数据量少的情况。鉴于专家人数限制，无法获得大量数据，本书采用黄金分割法生成定性权重评语云。"不重要""次重要""一般重要""较重要""非常重要"五个权重等级的云模型依次记为 C_1=｛Ex_1，En_1，He_1｝，C_2=｛Ex_2，En_2，He_2｝，C_3=｛Ex_3，En_3，He_3｝，C_4=｛Ex_4，En_4，He_4｝，C_5=｛Ex_5，En_5，He_5｝。

"次重要""一般重要""较重要"这些权重评语存在双边约束，对应的取值既有上限，又有下限。对存在双边约束的评语［V_{min}，V_{max}］，依据黄金分割法，可用期望值为约束条件的中值，利用公式计算期望和熵。超熵 He=k 可依据评语本身模糊度来调整，根据概念成熟度与含混度的对应原则，在此取 k=0.005。

$$Ex=\left(C_{max}+C_{min} \right) \div 2$$

$$En=\left(C_{max}-C_{min} \right) \div 6$$

"不重要""非常重要"这些评语只有单边约束，对应的取值范围只有下限或上限。对于只有单边约束的属性评语，"不重要"和"非常重要"两个评语分别取 0 和 1 为期望值，取相应对称云模型熵值的 1/2 为各自熵值，采用半升或半降云来描述。五个定性评语组成的权重评语集云模型参数计算结果如表 5-2 所示，生成的云图如图 5-4 所示。

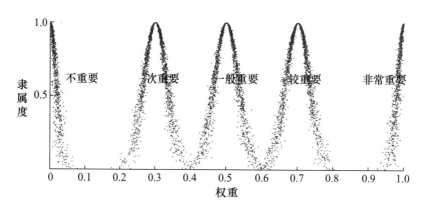

图 5-4 权重评语云

（三）生成末级指标权重云模型

为了确保评价指标权重合理科学，选取中国物流与采购联合会专家、从事物流研究的高校教师、物流企业管理者共 50 人，通过收集这 50 位专家评价的数据，形成指标的初始权重，利用云模型不断使权重科学化和合理化。采用逆向云发生器算法生成云模型的数字特征，再由正向云发生器产生云图，将第一次评分结果反馈给专家，由专家进行第二次打分，多次反复，最终确保云图从雾化收敛至凝聚。下文以末级指标"流转距离"为例，说明生成指标权重云模型数字特征以及权重云图的确定过程。

第一步，根据 50 个专家对"流转距离"评价的数据，同时结合专家评

价的语言值，参照表5-2中权重等级及范围，将专家的定性评价数据转换
成量化的度量数值。

　　第二步，为保持专家评价的随机性和不确定性，利用逆向云发生器反推
云模型的三个特征值，再用正向云发生器生成云图，具体过程如图5-5所
示。高斯云模型是表征语言元素的有力工具之一，具有普适性。假设权重数
据服从高斯正态云模型，采用均值法逆向云发生器生成"流转距离"权重数
据的三个特征值，即期望、熵、超熵。"流转距离"第一次打分权重云模型
三个特征值分别为 Ex=6.9、En=0.0481、He=0.0159，计算公式如下：

$$Ex=\bar{x}$$

$$En=\sqrt{\frac{\pi}{2}}\ \frac{1}{n}\ \sum_{i=1}^{n}|x_i-Ex|$$

$$He=\sqrt{\frac{1}{n}\ \sum_{i=1}^{n}\ (x_i-\bar{x})^2-En^2}$$

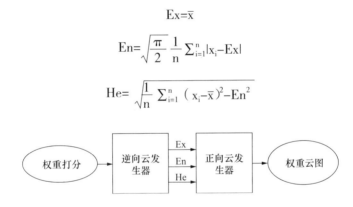

图 5-5　指标权重云模型生成过程

　　根据正向云发生器算法得到权重第一次打分的云图，如图5-6-1所示。
第一次打分结果云图呈现雾化，根据混度计算的概念含混度 CD（CD=$\frac{3He}{En}$）等
于1，表示专家对"流转距离"指标权重认知的概念外延发散，概念雾化，
难以形成共识。在第二次征询时，将第一次专家打分的信息经过筛选分类和
归纳整理反馈给专家，专家根据多数专家的意见，调整自己的打分结果。第
二次打分结果云模型的超熵和熵明显小于第一次，云图不再呈现雾化，如图
5-6-2所示，云图由雾状开始向云凝聚，表示指标重要程度概念开始形成。
第三次打分结果云模型的超熵和熵进一步缩小，云的厚度明显变薄，云图凝
聚性再次增强，如图5-6-3所示，概念含混度 CD 等于0.4153，表示指标重

要程度概念较成熟。

　　第三步，重复第一步和第二步的操作，最终获得 12 个指标的权重云模型数字特征和含混度，结果如表 5-3 所示。12 个指标的含混度均落入区间（0.2，0.5094］，表示专家对 12 个指标权重结果看法比较一致，形成了较成熟的概念。

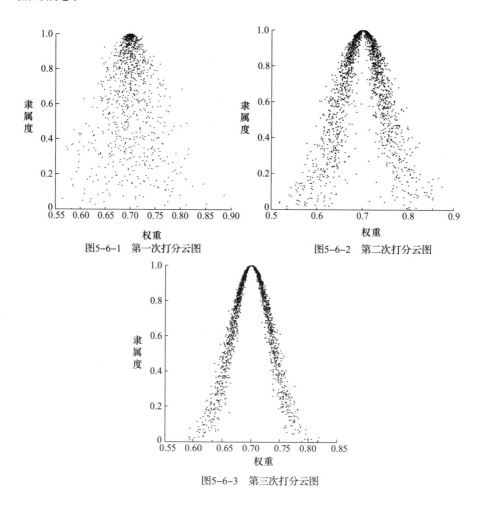

图5-6-1　第一次打分云图

图5-6-2　第二次打分云图

图5-6-3　第三次打分云图

图 5-6　"流转距离"指标权重云图凝聚过程

表 5-3　指标体系云模型数字特征与含混度

一级指标			二级指标			三级指标		
名称	云模型	含混度	名称	云模型	含混度	名称	云模型	含混度
U_1	C（0.7155, 0.0686, 0.0051）	0.223	U_{11}	C（0.7, 0.0353, 0.0049）	0.4164	U_{111}	C（0.7, 0.0353, 0.0048）	0.4152
			U_{12}	C（0.732, 0.0333, 0.0054）	0.4864	U_{121}	C（0.732, 0.0332, 0.0053）	0.4847
U_2	C（0.6608, 0.2815, 0.0054）	0.0575	U_{21}	C（0.6926, 0.0806, 0.0059）	0.2196	U_{211}	C（0.728, 0.043, 0.0061）	0.4275
						U_{212}	C（0.652, 0.0375, 0.0056）	0.454
						U_{213}	C（0.544, 0.0286, 0.0048）	0.5094
			U_{22}	C（0.6481, 0.2009, 0.0051）	0.0761	U_{221}	C（0.68, 0.0322, 0.0043）	0.4006
						U_{222}	C（0.6183, 0.0344, 0.0054）	0.4787
						U_{223}	C（0.746, 0.0367, 0.0054）	0.4413
U_3	C（0.6554, 0.193, 0.0048）	0.0746	U_{31}	C（0.6866, 0.0995, 0.0047）	0.1417	U_{311}	C（0.666, 0.0355, 0.0049）	0.4152
						U_{312}	C（0.666, 0.0355, 0.0049）	0.4152
			U_{32}	C（0.6222, 0.0934, 0.0048）	0.1541	U_{321}	C（0.668, 0.0299, 0.004）	0.4079
						U_{322}	C（0.628, 0.0286, 0.0046）	0.4919

（四）生成高级指标权重云模型

综合云又称为父云，其本质为提升概念，将 n 个相同类型语言综合为一个更广阔意义语言值的概念，综合为更一般的概念，得到更高层次的父云。在指标体系中，高级指标表示综合性更高的概念，与综合云的内涵不谋而合。因此，二级指标可以视为三级指标的父云，一级指标可以视为二级指标的父云。综合云的数字特征可以根据所有子云的数字特征计算。二级指标计算公式如下：

$$Ex' = \frac{Ex_1 \times En_1 + Ex_2 \times En_2 + \cdots + Ex_k \times En_k}{En_1 + En_2 + \cdots + En_k}$$

$$En' = En_1 + En_2 + \cdots + En_k$$

$$He' = \frac{He_1 \times En_1 + He_2 \times En_2 + \cdots + He_k \times En_k}{En_1 + En_2 + \cdots + En_k}$$

由下而上逐层计算评价指标体系中一级和二级指标云模型的期望值和熵值，结果如表5-3所示。一级指标和二级指标的含混度均低于0.5094，表示专家对这些指标权重的看法比较一致，形成了较成熟的概念；部分指标的含混度甚至低于0.2，表示专家对这些指标权重的看法很一致，形成了成熟的概念。

（五）获得指标定性与定量权重

对所有权重评价指标的云模型数字特征值 Ex 采用的加权平均法能更合理、更全面地反映指标的权重 w_i（公式见下）。对同级指标权重归一化处理得出指标体系的最终权重值，可以获得权重定量表示形式，结果如表5-4所示。通过云模型可以建立起定性与定量权重双向认知模式，实现二者的统一。根据指标权重的高斯云模型计算其在每个评价等级的平均隶属度，依据最大隶属度原则，判断指标所属的定性权重等级。下面仍以末级指标"流转距离"为例，说明计算平均隶属度和判断定性权重的过程。

$$W_i = \frac{Ex_i}{\sum_{i=1}^{n} Ex_i}$$

根据钟型隶属度函数计算得到"流转距离"权重云模型对应的五个评语云的隶属度。由于云模型隶属度是随机变量，为了增加结果的信度，需要对正向云发生器重复运行 N 次，计算出隶属度均值 $\overline{\mu}(x)$，计算公式如下所示。"不重要""次重要""一般重要""较重要""非常重要"五个权重等级的云模型分别模拟 2000 次，得到的平均隶属度分别为：$\bar{\mu}(1)$ = 1.0059×10^{-6}、$\bar{\mu}(2)$ = 9.0021×10^{-4}、$\bar{\mu}(3)$ = 0.0344、$\bar{\mu}(4)$ = 1、$\bar{\mu}(5)$ = 0.042。根据最大隶属度原则，"较重要"评语评价云隶属度 $\bar{\mu}(4)$ 最大，则"流转距离"对应的定性权重是"较重要"。同理得出其他指标的定性权重，结果如表 5-4 所示。

$$\bar{\mu}(x) = e - \frac{(x-Ex)^2}{2En'^2}$$

表 5-4　指标体系定性与定性权重

一级指标			二级指标			三级指标		
名称	权重	重要性	名称	权重	重要性	名称	权重	重要性
U_1	0.35	较重要	U_{11}	0.49	较重要	U_{111}	0.53	较重要
			U_{12}	0.51	较重要	U_{121}	0.47	较重要
U_2	0.33	较重要	U_{21}	0.52	较重要	U_{211}	0.32	较重要
						U_{212}	0.34	较重要
						U_{213}	0.34	一般重要
			U_{22}	0.48	较重要	U_{221}	0.34	较重要
						U_{222}	0.36	较重要
						U_{223}	0.30	较重要
U_3	0.32	较重要	U_{31}	0.52	较重要	U_{311}	0.56	较重要
						U_{312}	0.44	较重要
			U_{32}	0.48	较重要	U_{321}	0.47	较重要
						U_{322}	0.53	较重要

四、小结

实证分析表明，利用云模型设计指标权重是完全可行的，克服了定性定量转换和人类认知过程的强硬规定性和确定性的弊端，使定性和定量权重间的转换变得清晰、具体和具有可操作性。指标权重云模型的三个数字特征和云图在体现指标重要程度的同时，也直观、准确地反映了指标权重的模糊性和随机性，获得了比精确认知更具真实性和鲁棒性的不确定性认识。根据云模型能够获得人们在开展综合评价时经常使用的定量权重，更重要的是给出了各指标在自然语言体系表示下的定性权重，确保人们在研究权重的过程中，不仅关注权重的数字大小，还关注数字背后用自然语言表示的定性权重，使研究成果更加贴近人类认知，更加易于理解和接受。根据云模型设计指标权重与"定性和定量统一"的统计思维模式高度一致。这种统一体现在两个层面：将定性权重评语转换成权重评语云，实现了第一个层面定性和定量的结合；将指标权重云和权重评语云转换成自然语言权重，实现了第二个层面定性和定量的结合。

云模型的不足之处在于，由于受到专家经验、认知的限制，需要反复多次打分才能获得成熟度较高的概念，生成指标权重云。但是，不可否认的是云模型为指标权重研究提供了一种重要的思维模式和方法论，开启了一个值得探索的新领域。

>>> 第六章

物流基础设施一体化测度与建议

一、点阶段一体化水平测度

（一）公路是衔接物流园区重要纽带

本书选取京津冀 39 家省级物流园区为对象测度点阶段一体化水平。首先测度物流园区的衔接度。根据 39 家物流园区与邻近公路、铁路和航空枢纽的距离测算流转距离，结果如表 6-1 所示。由此可见，物流园区枢纽的衔接程度最好，航空枢纽的衔接度仍有较大的提升空间。京津冀物流园区总平均流转距离为 17.29 公里。从各区域上看，北京物流园区的流转距离最短，仅为 9.16 公里，低于平均水平 8 公里；天津物流园区流转距离低于平均水平 4 公里；河北物流园区流转距离最长，比平均水平高 12 公里。从三种运输方式上看，物流园区与高速公路衔接程度最好，流转距离最短，仅为 8.72 公里；物流园区与铁路衔接程度次之，流转距离为 14.54 公里；物流园区与航空运输的衔接程度最低，流转距离为 28.62 公里。

表 6-1　2017 年京津冀物流园区流转距离　　　　单位：公里

地区	公路	铁路	航空	平均
北京	3.07	4.67	19.73	9.16
天津	7.67	17.20	15.50	13.46
河北	15.43	21.75	50.63	29.27
平均	8.72	14.54	28.62	17.29

（二）物流园区辐射范围小，布局不均衡

根据断裂点理论，利用 39 家物流园区之间的距离，计算各个物流园区的辐射半径，测度各区域的均衡度，结果如表 6-2 所示。现有的物流园区布局不均衡，不能满足物流需求，应该扩大物流园区规模，增强物流园区之间的联系，才能促进区域一体化发展。京津冀三地物流园区均衡度为65.61%，整体布局不均衡，辐射半径 23.88 公里，远远低于园区之间的平均距离。河北省物流园区布局均衡度较低，仅为 29.84%，辐射半径不及园区间距离的 1/5；北京和天津布局均衡度高于河北，均在 80% 以上，布局均衡度处于较高水平。

表 6-2　2017 年物流园区辐射范围与均衡度

区域	均衡度（%）	辐射半径（公里）	园区间距离（公里）
北京	81.71	17.14	49.22
天津	85.28	24.68	64.13
河北	29.84	29.83	287
平均值	65.61	23.88	133.5

二、线阶段一体化水平测度

（一）航空是提高区域可达性的首选

物流节点城市物流设施一体化程度代表着京津冀一体化发展方向和先进水平。根据《全国流通节点城市布局规划（2015–2020 年）》，选择北京、天津、石家庄、唐山、保定、秦皇岛、邯郸为对象测度区域间可达性。根据七座城市之间的距离和航空、铁路、公路三种运输时间的数据计算这七座物流节点城市三种运输方式的通达指数，结果如表 6-3 所示。总体上看，飞机

的通达性最强，其次是铁路，公路的通达性最弱。京津冀地区航空运输的可
达性最强，发展城市间航空运输有助于提高区域间可达性，加快一体化进
程；高速铁路的通达性仅次于飞机，高铁已经成为京津冀地区物流一体化的
重要方式；公路的通达性最低，但是凭借其灵活性在未来一体化发展中仍然
会发挥主要作用。

表6-3　2017 年物流节点城市通达指数

城市	飞机通达指数	铁路通达指数	公路通达指数	平均通达指数
北京	0.24	0.43	0.70	0.46
天津	0.21	0.41	0.79	0.47
石家庄	0.16	0.30	0.77	0.41
唐山	0.30	0.41	0.75	0.49
保定	0.24	0.39	0.74	0.46
秦皇岛	0.16	0.38	0.72	0.42
邯郸	0.15	0.39	0.68	0.41
平均值	0.21	0.39	0.74	0.45

（二）高速公路网实现覆盖，高速铁路网覆盖率亟待提高

根据《中国城市统计年鉴》，选取京津冀地区 36 个县级以上城市为对象
测度公路、铁路和航空覆盖率，结果如表6-4 所示。京津冀地区高速公路
网发展比较完善，高速公路城镇覆盖率为 100%，实现了 36 个县级以上城
市全部覆盖。高速铁路覆盖了京津冀地区 11 个地级以上城市，县级城市零
覆盖，城镇覆盖率为 33.33%，距离打造"轨道上的京津冀"的目标还存在
较大差距。在京津冀 13 个地级以上城市中，仅保定和廊坊没有民用运输机
场，航空覆盖率为 84.62%。

表6-4　2017年京津冀三网覆盖情况

城市	高铁	民用机场	高速公路	城市	高铁	民用机场	高速公路
北京※	有	有	有	遵化○	无	无	有
天津※	有	有	有	迁安○	无	无	有
石家庄※	有	有	有	武安○	无	无	有
唐山※	有	有	有	南宫○	无	无	有
秦皇岛※	有	有	有	沙河○	无	无	有
邯郸※	有	有	有	涿州○	无	无	有
邢台※	有	有	有	安国○	无	无	有
保定※	有	无	有	高碑店○	无	无	有
张家口※	无	有	有	任丘○	无	无	有
承德※	无	有	有	泊头○	无	无	有
沧州※	有	有	有	黄骅○	无	无	有
廊坊※	有	无	有	霸州○	无	无	有
衡水※	有	有	有	三河○	无	无	有
辛集○	无	无	有	冀州○	无	无	有
晋州○	无	无	有	深州○	无	无	有
藁城○	无	无	有	鹿泉○	无	无	有
新乐○	无	无	有	定州○	无	无	有
河间○	无	无	有	平泉○	无	无	有

注：※表示地级及以上市，○表示县级市。

三、面阶段一体化水平测度

（一）高速铁路基本实现省际陆运对接

根据《全国流通节点城市布局规划（2015–2020年）》，以京津冀周边省份物流节点城市为对象测度高速铁路和货运专线对接情况，反映一体化水平，结果如表 6-5 所示。高速铁路是城市省际陆运的重要衔接方式，但是货运专线衔接度较低，在区域一体化中还未发挥作用。在周边省份（河南、山东、山西、内蒙古、辽宁）20 座重要物流节点城市中，仅包头、呼伦贝尔、鄂尔多斯三地尚未开通高速铁路，省际高速铁路网衔接程度为 85%。目前京津冀与周边省份仅有三条货运专线，即大秦铁路、神黄铁路、石太铁路，仅覆盖大同和太原两座物流节点城市，货运专线衔接度仅为 10%。

表 6-5 2017 年京津冀周边省份流通节点城市高速铁路开通情况

省份	已开通高铁城市	未开通高铁城市	开通货运专线城市
河南	郑州、洛阳、商丘、南阳		
山东	济南、青岛、潍坊、烟台、临沂		
山西	太原、大同、临汾		大同、太原
内蒙古	呼和浩特	包头、呼伦贝尔、鄂尔多斯	
辽宁	大连、沈阳、锦州、丹东		

（二）海运对接程度较低

天津、唐山、秦皇岛和黄骅是京津冀港口群的重要组成部分，这四大主要港口的吞吐量近 15 亿吨，占全国港口吞吐量的 30%，因此选取这四大港口为研究对象衡量京津冀海运对接情况。本书选取煤炭、石油天然气、金属矿石三种主要货源吞吐量计算港口货源差异化程度。鉴于 2017 年三种主要货源货运量数据无法获得，笔者根据 2011 ~ 2016 年四大港口主要货源运输量历史数据估算 2017 年三种货源运输量[1]，并据此计算货源差异化程度，结果如表 6-6 所示。京津冀地区海运衔接程度较低，四大港口货源相似度较高，分工不合理，煤炭货源争夺最明显。煤炭及制品、石油天然气及制品、金属矿石货源差异度分别为 40.34%、98.57%、107.84%，货源平均差异度为

---

① 2017 年数据的估算方法为：2017 年货源运输量 =2016 年货源运输量 × 货源运输量 5 年平均发展速度。

82.25%。煤炭及制品在四个港口的货源分布差异度最小，金属矿石差异度最大，石油天然气及制品差异度居中。

表 6-6　2017 年京津冀四大港口货物差异度

指标名称	煤炭及制品	石油天然气及制品	金属矿石	平均水平
均值（万吨）	19748.75	2787.50	5400.00	9312.08
标准差（万吨）	7965.78	2747.60	5823.40	5512.26
变异系数（%）	40.34	98.57	107.84	82.25

2016 年四大主要港口集装箱吞吐量为 1481 万标准箱，秦皇岛港新港湾集装箱码头、天津东方海陆集装箱码头等六大码头集装箱吞吐量为 12554668.5 标准箱，占四大港口集装箱总吞吐量的 84.77%。根据重点调查方法，选择上述六大码头代表京津冀港口的群国际化程度。笔者根据 2011～2016 年六大码头集装箱吞吐量历史数据估算① 了 2017 年六大码头的吞吐量，估算结果如下：外贸集装箱吞吐量为 6895893.75 标准箱，集装箱吞吐量为 12661780.74 标准箱，集装箱国际化率为 54.46%，与国内其他大型港口相比，京津冀港口群国际化水平明显偏低。

四、物流设施一体化总水平测度

根据三个阶段一体化的测度结果和指标权重可以测度京津冀物流设施一体化总水平，具体步骤如下：首先，根据国家、京津冀政府等制定的规范与管理目标，参照参评指标的发展趋势值和理论最优值，通过咨询专家，获取京津冀物流一体化评价指标的目标值，并对评价指标采用理想值比例法推算进行了标准化处理，获得三级指标实现度，如表 6-7 所示；其次，根据三

---

① 2017 年数据的估算方法为：2017 年集装箱吞吐量 =2016 年集装箱吞吐量 × 集装箱吞吐量 5 年平均发展速度。

级评价指标权重和实现度，得到二级指标的实现度；再次，根据二级评价指标权重和实现度，得到一级指标的实现度，即点阶段实现度为 58.94%，线阶段实现度为 63.27%，面阶段实现度为 54.58%；最后，根据一级评价指标权重和实现度，得到京津冀物流设施一体化实现程度为 58.94%。测度结果显示，京津冀物流设施一体化进程实现了近六成，属于中等水平。线阶段的实现度高于点阶段和面阶段，京津冀区域间物流设施一体化进程略快于区域内部及其与周边区域的一体化。物流园区与交通枢纽的衔接度较低，并且园区的区域布局不均衡直接制约京津冀区域内部物流一体化进程。京津冀港口群货源结构的同质性影响了与外部海运的对接程度，也阻碍了京津冀与周边区域物流设施一体化进程。

表 6-7　2017 年京津冀物流设施一体化实现度

一级指标		二级指标		三级指标				
名称	权重	名称	权重	名称	权重	实际值	目标值	实现度（%）
点阶段	0.35	衔接度	0.49	流转距离	0.53	17.29 公里	9.16 公里	52.98
		均衡性	0.51	均衡度	0.47	65.61%	100%	65.61
线阶段	0.33	可达性	0.52	飞机通达指数	0.32	0.21	0.08	38.10
				汽车通达指数	0.34	0.74	0.6	81.08
				火车通达指数	0.34	0.39	0.17	43.59
		路网覆盖率	0.48	高速铁路城镇覆盖率	0.34	33.33%	100%	33.33
				高速公路城镇覆盖率	0.36	100%	100%	100.00
				航空覆盖率	0.30	84.62%	100%	84.62
面阶段	0.32	陆运对接程度	0.52	省际高速铁路网衔接程度	0.56	85%	100%	85.00
				省际货运铁路网衔接程度	0.44	10%	100%	10.00
		海运对接程度	0.48	港口差异度	0.47	82.25%	150%	54.83
				集装箱国际化率	0.53	54.46%	90.34%	60.28

五、促进物流设施一体化的对策

本章以经济一体化理论与质量互变规律为理论支撑,提出京津冀物流设施一体化发展进程具有阶段性的特点,并根据各阶段的发展目标与发展方式设计了一套阶段性测度指标体系。该测度体系在兼顾指标可操作性的前提下,从"点""线""面"三个阶段分别设计评价指标,为评价京津冀物流设施一体化水平提供了量化手段。根据云模型设置了评价指标体系权重,测度了京津冀物流设施一体化发展水平。

目前京津冀物流一体化进程完成近六成,属于中等发展水平,区域之间一体化发展水平高于区域内部及其周边的一体化水平。笔者认为可以从以下三个方面入手推进京津冀物流设施一体化发展进程:第一,缩短物流园区与交通枢纽的流转距离,提高物流园区的衔接度。物流园区与交通枢纽的衔接度越高,越有利于实现区域内部互联互通。第二,提升京津冀物流园区辐射能力,促使物流园区的布局均衡化。物流园区的辐射能力越强,越有利于所有区域融入物流辐射网,实现物流零盲区。第三,引导京津冀港口群差异化运营,提升海运对接度。港口呈现差异化运营,促进港口功能合理分工,各港口有相对固定的合作伙伴,承运方根据港口的功能和设施选择货源,避免多个港口争夺共同货源的情况,有利于提高京津冀与周边区域的海运对接程度。

第七章

京津冀物流管理者信息化现状

一、京津冀政府物流信息平台建设状况

（一）政府物流信息平台的定义

一般认为，凡是能够支持或者进行物流服务供需信息交互或交换的网站，均可视为物流信息平台。政府作为市场经济各个市场行为人之间利害关系的合理调节与仲裁者、公共利益的维护者、宏观经济的掌握者、市场发展的调节者，需要对物流的各个环节进行管理和监督，工商、司法、海关、质检等一系列职能部门也需要将工作内容实时传输到各自的门户网站。在这个信息化的时代，物流信息化对于物流行业的发展起着至关重要的作用，因此物流信息化平台建设的作用更加关键。

政府物流信息平台主要由政府职能部门、门户网站、网站用户三部分组成（见图7-1）。

（1）政府职能部门：主要包括工商、海关、司法、税务等部门，主要履行市场的监督与维护等职责，并将相关物流企业信息数据上传到门户网站。

（2）门户网站：主要包括互联网络、数据库、网站等软硬件部分，承担物流企业数据信息记录和传播的载体。

（3）网站用户：主要包含物流企业自身、行业协会、物流企业客户、物流行业竞争者等，它们是整个信息服务的主要使用者和受益者。

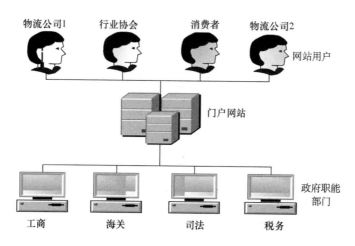

图 7-1　政府物流信息平台基本框架

（二）政府物流信息平台的特点

政府物流信息平台是由政府立足于整个市场经济，本着促进辖区内物流行业信息化发展的目的而出资建立的，因此政府物流信息平台的建立更多的是作为政府参与物流行业信息化过程的试金石，尤其是对于没有能力开发物流信息平台和缺少资金的中小物流企业而言显得格外重要。政府物流信息平台包含以下几项特点：

1. 政策性

政府物流信息平台作为政府推动物流信息的基础性工程，时刻体现着政府对于物流行业发展的最新认知，反映了政府对于物流行业信息化发展的最新规划与部署。辖区内的物流企业和客户群体可以通过政府物流信息平台查找相应的信息。

2. 无偿性

政府物流信息平台由政府出全资或者部分资金建立，所有权归政府所有或部分所有。其带有公益特性，供辖区内的所有物流企业免费使用，并无偿为其提供相应的信息发布服务。

3. 评价约束性

政府物流信息平台是政府组织建立的，具有较高的社会声望。对于平台内的物流企业，政府部门会事先进行严格的资质审查，对于不良或非法经营的物流企业，平台会出具相应的黑名单来约束物流企业，要求它们正规合法经营。

（三）政府对于物流信息化发展的规划和政策

1. 国家出台的政策

2009 年 3 月 10 日《国务院关于印发物流业调整和振兴规划的通知》指出，积极推进企业物流管理信息化，促进信息技术的广泛应用。尽快制订物流信息技术标准和信息资源标准，建立物流信息采集、处理和服务的交换共享机制。加快行业物流公共信息平台建设，建立全国性公路运输信息网络和航空货运公共信息系统，以及其他运输与服务方式的信息网络。推动区域物流信息平台建设，鼓励城市间物流平台的信息共享。加快构建商务、金融、税务、海关、邮政、检验检疫、交通运输、铁路运输、航空运输和工商管理等政府部门的物流管理与服务公共信息平台，扶持一批物流信息服务企业成长。

2013 年 1 月 11 日，国家工信部发布了《关于推进物流信息化工作的指导意见》，要求到"十二五"末期，初步建立起与国家现代物流体系相适应和协调发展的物流信息化体系，为信息化带动物流发展奠定基础。推进工作分两个阶段实施：第一阶段主要通过试点示范引导，初步探索建设物流信息化体系的有效途径；第二阶段在总结和推广前期经验的基础上，促进先进信息技术在物流领域广泛应用，使物流信息资源得到较为充分的开发利用，物流运作和管理水平得到明显提高，物流信息服务体系基本形成。

2014 年 9 月 12 日《国务院关于印发物流业发展中长期规划（2014 —

2020 年）的通知》指出，加强北斗导航、物联网、云计算、大数据、移动互联等先进信息技术在物流领域的应用。加快企业物流信息系统建设，发挥核心物流企业整合能力，打通物流信息链，实现物流信息全程可追踪。加快物流公共信息平台建设，积极推进全社会物流信息资源的开发利用，支持运输配载、跟踪追溯、库存监控等有实际需求、具备可持续发展前景的物流信息平台发展，鼓励各类平台创新运营服务模式。进一步推进交通运输物流公共信息平台发展，整合铁路、公路、水路、民航、邮政、海关、检验检疫等信息资源，促进物流信息与公共服务信息有效对接，鼓励区域间和行业内的物流平台信息共享，实现互联互通。

2015 年 7 月 27 日，根据《京津冀协同发展规划纲要》精神，加强商务方面规划衔接和政策统筹。参与编制《京津冀商贸物流发展专项规划》，研究建立京津冀市场一体化促进资金的可行性。推进商贸物流信息共享及领域合作。整合三地资源，搭建京津冀物流公共信息服务平台，推动三地标准化托盘应用及第三方循环共用网络建设。

2. 北京市出台的政策

2011 年 11 月，北京市政府颁布的《北京市"十二五"时期物流业发展规划》中指出，推进物流技术创新和应用，以产学研为基础，开展物流信息化等领域的科技创新与应用示范。积极推广物流标准，提升物流业标准化水平。启动物联网技术的示范试点，提高全市物流业发展的科技水平。

3. 天津市出台的政策

2012 年 1 月，天津市政府颁布了《关于印发〈天津市信息化发展"十二五"规划〉的通知》，通知要求开展智能港口试点。以 RFID、传感器、遥感、GIS 及 GPS 等技术为支撑，整合集成港口基础地理信息系统、设施管理数据库系统、应急指挥系统、调度指挥系统和港口信息服务系统，构建天津港数据资源中心和云计算平台，建设电子监管通道、智能卡口、智能仓储、智能堆场、GPS 船舶定位系统，实现港口生产操作、仓储管理、物流跟踪、海关监管的智能化。

4. 河北省出台的政策

2012 年 5 月发布的《河北省人民政府办公厅关于推进信息化与工业化深度融合促进现代产业体系建设的意见》指出，加快传统物流企业信息化改造，构建企业、行业和区域物流信息化支撑平台，支撑全省现代物流体系建设。广泛应用条形码、智能标签、无线射频识别（RFID）等技术，实现物流信息快速采集和准确识别；推广数据通信、卫星定位系统、地理信息系统等技术的集成化应用，提高物流运输效率和安全性；鼓励企业采用自动寻址、自动分拣、监控调度等技术和装备，提高仓储自动化水平；推广应用企业资源计划（ERP）、供应链管理（SCM）等系统，引导建立集自动识别、仓储、运输、调度、管理于一体的物流信息综合管理平台，提高企业物流运作效率。交通枢纽型物流聚集区重点建设和完善公路、铁路、航空、海运等信息网络，搭建连接海港、内陆港、空港和物流聚集区的物流信息公共服务平台，促进多式联运，增强物流集疏能力；产业基地型物流聚集区重点推动生产企业与物流企业信息系统对接，建立双向信息交换机制，构建以订单为核心的物流供应链管理平台，延伸支柱产业链条；商贸集散型物流聚集区重点推进电子商务与物流服务集成应用，培育和发展一批综合性信息服务平台和专业化交易平台，促进物流产业聚集。依托石家庄、唐山、邯郸、沧州等省内重要物流节点城市，建设区域性物流信息公共服务平台，实现各类专业性物流信息聚集和共享；积极推动商务、税务、工商、海关、检验检疫、金融、邮政、气象、交通、铁路、航空、海运等部门和行业的物流信息共享，整合物流节点城市公共服务平台，构建省级物流信息公共服务平台，促进河北省现代物流服务体系的建设和完善。

（四）京津冀物流公共信息平台建设

1. 国外物流公共信息平台建设现状

20 世纪 80 年代，英国、新加坡、德国等发达国家纷纷建立起以港口园区为特色的物流信息平台，对当地物流业的发展起到了极大的推动作用。荷兰和美国在 2000 年及 2001 年分别实施了"鹿特丹港"和"物流配送服务平台"物流信息网络建设。建设物流信息平台已经成为发展现代物流最重要的手段之一，这也是区域物流体系融入全球物流体系的关键。

下面以国外六个典型的物流信息平台为对象，介绍物流公共信息平台建设的一些基本内容与运营模式（见表 7-1）。

表 7-1　六个知名国外物流公共信息平台

国家	物流公共信息平台	网站
新加坡	口岸物流信息服务平台（Portnet）	www.portnet.com
荷兰	鹿特丹港（W@VE）	www.telin.nl
英国	菲利克斯托货物处理系统（FCPS/Destin8）	www.portoffelixstowe.co.uk
德国	数据通信系统（Dskosy）	www.dakosy.de
澳大利亚	港口服务平台（Tradegate）	www.commerceplus.net.au
美国	物流配送服务平台（First）	www.firstnynj.com

以上六个国外物流公共信息平台的市场定位基本都包括货代、承运人、码头、贸易促进管理机制、进出口商，部分系统也将金融机构纳入其中，凭借信息网络技术的优势，鼓励更多公司，特别是中小型企业采用这些系统。

各国物流公共信息平台在运营模式上也不尽相同，主要体现在投资、所有权、运作主体、商业模式等几方面。投资并不一定来源于政府，但是运营主体都是由商业机构或用户组织负责运作，政府对于物流公共信息平台的所有权主要取决于是否是由政府独立出资，商业模式则主要根据各国国情来具体决定（见表 7-2）。

表 7-2　国外物流公共信息平台的运营模式

业务与模式		新加坡	荷兰	英国	德国	澳大利亚	美国
		Portnet	W@VE	FCPS	Dskosy	Tradegate	First
投资	政府原始投资	√	√			√	√
	商业机构或用户组织原始投资			√	√	√	
所有权	政府部分所有		√				
	政府完全所有	√					√
	商业机构或用户组织完全所有			√	√	√	
运作主体	由政府负责运作						√
	由商业机构或用户组织负责运作	√		√	√	√	
商业模式	盈利	√		√	√		
	非盈利		√			√	√

20 世纪 90 年代以来，随着信息技术水平的不断提高，互联网与电子商务应用的广泛普及改变了传统物流由于缺乏信息反馈跟踪只能实施粗放管理的状态，为在全球范围内实现数字化精确管理的高效现代物流提供了技术可能。发达国家的物流公共信息平台一般由信息中间商搭建经营，物流服务商要和客户之间实现供应链一体化。例如，美国的 Capstan 公司建立一个公共信息物流平台，把采购商、供应商、物流服务商、承运人、海关、金融机构等都纳入其中，完成国际物流服务。

目前，日本、美国和欧洲三个地区的物流信息化最为发达。在我国物流业的发展过程中，尽管物流信息化得到了高度重视，物流公共信息平台的建设仍处在艰难的探索过程中，国外发达国家的经验值得借鉴。

美国公共物流信息平台主要有以下几种模式：

（1）Transwork 模式。采用信息撮合的模式，选取大型的生产企业，如建材、造纸、钢铁等进行公开招标，寻找合适的承运人，并通过信用机制对承运人进行评价约束。每成交一笔收取 5 美元的中介费，每年收入 1000 万美元左右。

（2）Getload 模式。采用货运配载平台模式，采取会员制管理，通过信息撮合来创造利润。每年收入近 1000 万美元，其中利润超过 400 万美元。

（3）TransCore 模式。主要针对物流货运信息的运营和管理提供公共服务，其平台包括信息撮合和系统租赁两种模式。

（4）Landstar 模式。通过自身的信息平台整合大批货代，这些货代通常年收入在 200 万 ~ 1000 万美元。Landstar 模式通过区域代理发展客户，采用紧密型挂靠车辆的管理办法控制车辆资源，以其自身的信息技术实力和资金垫付实力保证业务的正常运转。在托运人下达运输指令时，通过信息平台寻找合适的代理人，促成物流运输交易的完成。每年收入达 26 亿美元左右。

此外，日本的港湾物流信息平台也在平台发展模式上提供了重要的经验。该平台的核心是被称为 "One Stop" 的管理行动目标，即任何货物流通过程中涉及政府管理的环节只需一次申请与停顿。围绕这一目标，日本政府主要从进出口角度着手，大力发展一站式电子通关系统（如 Nippon Air Cargo Clearance System），即以 "进出口通关" 这一业务为基点，整合海关、税务、交通等政府部门 "查验手续"，整合进出口商、承运商、国内销售商货物及各种数据信息，建立统一的 "港湾物流信息平台"。

2. 京津冀物流公共信息平台发展历程

西方主要资本发达国家的信息主管部门早在 20 世纪末期就开始进行物流管理信息化建设，并取得了良好的成绩。美国、德国等国物流产业总成本约占 GDP 的 8%，而我国目前物流产业总成本约占 GDP 的 18%。进入 21 世纪后，我国政府也开始大力着手建设相应的物流公共信息平台，并获得迅速发展。对京津冀地区物流公共信息平台的调查结果如表 7-3 所示。

表 7-3　京津冀物流公共信息平台调查

地区	名称	网站
北京	中国物通网	www.chinawutong.com
	北京电子口岸	http：//www.bjeport.gov.cn/
	中国电子口岸	http：//www.chinaport.gov.cn/
	北京物流公共信息平台	http：//www.56beijing.org/
	中国物流信息公共平台	http：//www.fala56.com/
	中冷联盟公共信息平台	http：//www.lenglian.org/
	物流京津冀公共信息平台	http：//563j.com/
天津	天津电子口岸	http：//app01.tjeport.gov.cn/wuliu/
	天津物流服务平台	http：//www.tjwlgov.com/default.aspx
河北	河北电子口岸	http：//www1.chinaport.gov.cn/subeport/hebei/pub/
	河北物流网	http：//www.heb56.cn/
	河北城市共同配送公共物流信息服务平台	http：//www.56hb56.com/

（1）北京物流公共信息平台（亦称北京物流门户，以下简称平台）。平台是在北京市商务委、北京市发改委等政府相关部门的大力支持下，由北京物流协会组织建设北京首发物流枢纽有限公司主导运营的北京第一官方综合物流门户，是北京市政府"十一五"重点规划的三大平台之一。

平台于 2009 年组织建设，于 2011 年 3 月正式上线运营，一直秉承"沟通、协作、共赢"的理念，以立足北京、覆盖环渤海、服务全国为发展目标，致力打造成中国首家物流产业链功能性的综合服务平台。

平台自创建以来，曾多次获得交委、国家发改委、商委及协会等部门的肯定，在业界享有较高的知名度，还曾获得中物采颁发的 2010 年科技进步二等奖。

平台的核心价值在于可以实现企业间的信息与业务流程的对接，从而有力地促进制造业、商贸流通业（物流需方）与物流业（物流供方）的行业融合，加强企业间的纵向（跨行业的）与横向（物流行业内的）协作，促进物流行业整合与产业升级，达到降低成本、提高效率的目的。

北京物流公共信息平台结构图如图 7-2 所示。

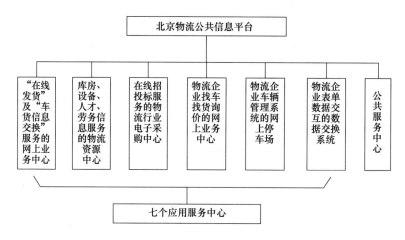

图 7-2 北京物流信息平台框架

公共服务中心主要为社会用户提供物流企业官方认证、物流保险、融资贷款、行业新闻、政策法规、行业培训考试、企业征信查询、交通路况等公共服务。

截至 2012 年 6 月，平台已汇集北京市物流相关企业 2600 余家，其中认证企业近 1000 家；汇集北京市库房资源 1000 余处；组织在线招投标 50 余次，直接参与在线招投标的用户达 60 家；持续组织行业内具规模的物流相关会议十余次。

（2）天津市物流公共信息平台。天津电子口岸与天津物流服务平台是 2006 年 10 月开始建设的。目前，在海关总署、国家质检总局等部门的大力支持下已完全具备开通条件。该平台具有"一个门户入网""一站式通关服务"及"统一用户管理"等特点,是以口岸通关执法管理为基础,以综合物流和电子商务为主要服务内容的集通关、商贸、物流服务于一体的统一信息平台。

该平台的服务范围覆盖电子政务、电子商务、电子物流等各个领域,客户涉及口岸执法部门、港口、外贸、仓储、代理、货运等通关领域各相关单位。信息平台一期项目建设了政府执法服务、综合物流服务、电子商务服务三大平台,共42项功能,形成了具有先进水平的口岸通关与商务物流综合服务信息平台。

(3)河北省物流公共信息平台建设。河北电子口岸被誉为"中国电子口岸",它是利用现代信息技术,借助国家电信公用网,将进出口业务信息流、资金流、货物流的电子底账数据集中到一个公共数据中心,使国家行政管理部门可以跨部门、跨行业进行联网数据核查,企业可以上网办理报关、出口退税、结售汇核销等手续。由海关总署、经贸部、公安部等11家部委开发的"中国电子口岸"不仅是中国电子化政府的雏形,更是公共物流信息平台建设的代表。

河北电子口岸的推广应用工作于2001年7月全面展开。据石家庄海关的工作人员统计,河北省有进出口业务的企业有1400多家,加入电子口岸的有1300多家,占95%以上,河北省进出口物流信息化管理水平已经走在了全国的前列。

(五)京津冀物流公共信息平台服务功能及反馈

此次调查研究的是京津冀地区物流公共信息平台的现状,以北京物流公共信息平台、天津电子口岸与物流信息平台和河北电子口岸三个平台为例,如表7-4、表7-5所示,分别是京津冀物流公共信息平台的功能和运营模式。

表 7-4　京津冀物流公共信息平台的功能

业务与项目		北京物流公共信息平台	天津电子口岸与物流信息平台	河北电子口岸
实施时间		2011 年	2006 年	2001 年
服务覆盖范围	贸易管理机构	√	√	√
	供应商 / 采购商	√	√	√
	码头	√	√	√
	承运人	√	√	√
	货代	√	√	√
	进 / 出口商	√	√	√
	金融机构	√	√	√
海关业务	进出口电子报关清单		√	√
	转口电子报关清单		√	√
	船只电子清单		√	√
	邮政电子清单		√	
	危险品电子申报	√		√
	危险品监控	√	√	√
	清关状态追踪		√	√
码头作业	码头运作资源配置及优化		√	√
	在线预订码头服务		√	√
	货柜编号确认		√	√
	货柜码头与轮班整合		√	√
	货柜码头与火车运输整合		√	√
	货柜码头与内河运输整合		√	√
	货柜码头与空运整合		√	√

续表

业务与项目		北京物流公共信息平台	天津电子口岸与物流信息平台	河北电子口岸
码头作业	货柜码头与仓库整合		√	√
	货柜位置跟踪		√	√
	在线船期信息发布		√	
承运人业务	电子船运订单		√	√
	电子提单		√	√
	在线发布船期		√	√
	空柜管理		√	√
	仓位管理	√	√	√
	船运状态追踪		√	
	货代运作	√	√	
	电子船运订单		√	√
	船运状态追踪		√	√
	仓库管理	√	√	√
结算业务	电子结算	√	√	√
	电子结算账单	√	√	√
	仓库管理	√	√	√

由表 7-4 分析可知，由于北京位于内陆，没有港口，所以相较于河北和天津而言，北京物流公共信息平台并不提供码头作业业务和承运人业务。而天津电子口岸与物流信息平台和河北电子口岸则提供港口的相关业务。同时根据调查，笔者发现这些港口物流公共信息平台的建立时间相对较早，适宜大批量货物进出海关；而北京的物流公共信息平台的数目多，更能满足个性化需要。

由表 7-5 可知，京津冀物流公共信息平台的运营模式主要在投资、所有权、运作主体、商业模式等方面，对比国外情况可以发现，投资并不一定来源于政府，运营主体却都是由商业机构或用户组织负责运作，但是政府对于物流公共信息平台的建立都会给予资金支持，具体的商业模式则主要根据各地区的实际情况来具体操作。

表7-5　京津冀物流公共信息平台的运营模式

业务与模式		北京物流公共信息平台	天津电子口岸与物流信息平台	河北电子口岸
投资	政府原始投资	√	√	√
	商业机构或用户组织原始投资			
所有权	政府部分所有		√	√
	政府完全所有			
	商业机构或用户组织完全所有	√	√	√
运作主体	由政府负责运作			
	由商业机构或用户组织负责运作	√	√	√
商业模式	盈利	√		
	非盈利		√	√

二、京津冀物流行业协会信息化状况

物流行业协会是政府与企业的桥梁，能有效促进物流行业标准、政策以及法律法规的发布与实施等工作的推进；是物流企业的后部支撑，能为企业提供各项服务，为企业谋利益；是整个物流行业发展的平台，能提供物流人才教育和培训、物流技术交流和信息服务、物流信息统计等服务。所以，加强各级物流行业协会的建设能够促进我国物流行业的发展，从而推动我国经济健康快速发展。

中共十八大提出，"走中国特色新型工业化、信息化、城镇化、农业现代化道路，推动信息化和工业化深度融合"，贯彻落实于物流业的发展，其中一个重要方面是推进物流行业协会信息化，充分发挥物流行业协会沟通物流企业与政府间关系、服务物流企业和政府的功能。

物流行业协会信息平台主要是通过建立互联网站的方式为业内提供信息咨询的平台。通过业内专业书刊和网站等渠道搜集国内外物流资讯、法律法规、资料论文以及专业书籍，整理并分析出物流行业发展的各项数据，为企业发展和壮大提供全方位和个性化的资讯服务。

（一）京津冀物流行业协会信息化发展概况

京津冀物流行业协会信息平台建设处在初级阶段，呈现多而杂、普遍职能效用不高、对物流业提供信息咨询的支持作用不大的特点。或是以经济区组织起来，或是以行政区组织起来，而对于整个京津冀一体化发展而言，京津冀物流行业协会面临的一个严重问题是其行业覆盖面过窄而产生的社会合法性不足。即物流行业大多数协会脱离于国有官办体制。协会会员企业一般不超过全行业总数的40%，大多局限在原部门系统内，而且绝大多数是国有企业，覆盖面较窄，这意味着协会所能掌握的企业和行业的信息不充分，难以发挥综合性的协调功能。例如，河北省的邢台市物流协会是由邢台市从事物流业务的运输、仓储、配送、货贷、联运、物流信息等的企业单位自愿组成的，脱离于政府部门的直接参与。

目前，京津冀地区物流行业相关的协会一共92个。由于各地区的发展状况和所处的地理位置、外部环境等不同，物流相关的行业协会在各地的发展状况参差不齐。有网站的京津冀各地区物流相关行业协会信息平台状况和无网站的京津冀各地区物流相关行业协会信息平台状况如表7-6、表7-7所示。

表 7-6 京津冀物流相关行业协会信息平台一览

地区	类别	协会名称	网址	微信公众	官方微博	移动协会	一站服务	信息通关	防范风险	信息治理	地址
北京	综合类	中国物流与采购联合会	http://www.chinawuliu.com.cn/	√	√	√	√	√		√	北京市西城区月坛北街26号恒华国际中心1503
		北京物流协会	http://www.bjla.org.cn/				√	√	√	√	北京市西城区莲花池东路丙一号303
	港口和岸类	中国检验检疫协会	http://www.ciq.org.cn/	√		√	√	√	√	√	北京市朝阳区华严北里甲1号健翔山庄C11座
		中国口岸协会	http://www.caop.org.cn/				√	√	√	√	北京市东城区建国门内大街6号
		中国报关协会	http://chinacba.org/ccba/				√	√	√	√	北京市朝阳区光华路甲10号
		北京报关协会	http://www.bjcustoms.com/bcba/				√	√	√	√	北京市朝阳区东四环南路甲1号
	交通运输类	中国船东协会	http://www.csoa.cn/	√		√	√	√		√	北京市东城区东长安街6号
		中国拆船协会	http://www.cnsa.com.cn/				√	√		√	北京市西城区月坛北街25号
		中国道路交通安全协会	http://www.ttsac.org/sites/MainSite/	√		√	√	√		√	北京市西城区半步桥街48号华龙商务楼5楼
		中国道路运输协会	http://www.crta.org.cn/				√	√	√	√	北京市海淀区知春路甲48号盈都大厦C座3单元15B
		北京市道路运输协会	http://www.brta.cn/				√	√		√	北京市丰台区三路居路驼湾甲15号

续表

地区	类别	协会名称	网址	微信公众	官方微博	移动协会	一站服务	信息通关	防范风险	信息治理	地址
北京	交通运输类	中国公路建设行业协会	http://www.chhca.org.cn/	√		√		√		√	北京市朝阳区大屯路科学园南里风林西奥中心B座14层
		中国交通运输协会	http://www.cctanet.org.cn/				√	√	√	√	北京市西城区广安门内大街315号信息大厦B座6/7层
		中国国际货运代理协会	http://www.cifa.org.cn/	√	√		√	√		√	北京市朝阳区安慧里四区15号楼五矿大厦1028室
		北京市国际货运代理行业协会	http://www.biffa.org.cn/				√	√		√	北京市朝阳区亮马桥路44号海昌大厦608室
		中国交通建设监理协会	http://www.cahwec.com/	√		√	√			√	北京市朝阳区安立路66号安立花园B座七层702
		中国交通企业管理协会	http://www.acclonline.com/					√	√	√	北京市朝阳区南湖西阿222号楼6层
		中国航空运输协会	http://www.cata.org.cn/			√	√	√	√	√	北京市朝阳区东三环北路3号
		中国快递协会	http://www.cea.org.cn/			√	√	√	√	√	北京市海淀区挂甲屯5号
		北京市快递协会	http://www.bjkdxh.com	√				√	√	√	北京市海淀区万寿路18号
	学会类	中国物流学会	http://csl.chinawuliu.com.cn/	√		√		√		√	北京市月玉北街26号恒华国际中心1503
		中国铁道学会	http://www.crs.org.cn/crs/				√			√	北京市海淀区复兴路10号

续表

地区	类别	协会名称	网址	微信公众	官方微博	移动协会	一站服务	信息通关	防范风险	信息治理	地址
北京	物资环保类	中国物资再生协会	http://www.crra.com.cn/							√	北京市西城区月坛北街25号
		中国轮胎循环利用协会	http://www.ctra.org.cn/		√	√	√	√		√	北京市西城区月坛北街25号2号楼
	仓储类	中国仓储协会	http://www.caws.org.cn/	√		√	√	√	√	√	北京市海淀区复兴门内大街45号
		中国医药物资协会	http://www.cmpma.cn/	√		√	√	√	√	√	北京市朝阳区北辰东路8号汇园国际公寓酒店E座2418室
		中国物资储运协会	http://www.cmsl.com.cn/	√		√	√	√	√		北京市丰台区南四环西路188号六区18号楼
	物资流通类	中国茶叶流通协会	http://www.ctma.com.cn/	√		√	√	√		√	北京市海淀区复兴门内大街45号
		中国金属材料流通协会	http://www.cumetal.org.cn/	√		√	√	√		√	北京市西城区广安门外北滨河路恒物金属大厦310室
		北京市酒类流通协会	http://www.zgjlxh.cn/			√	√	√		√	北京市海淀区西直门外大街110号中糖大厦5层
		中国化工轻工物资流通协会	http://www.ccla.org.cn/			√	√	√	√	√	北京市海淀区三里河路9号建设部院20号楼
		中国木材与木制品流通协会	http://www.cnwood.org/	√		√	√	√	√	√	北京市西城区月坛北街25号院

续表

地区	类别	协会名称	网址	微信公众	官方微博	移动协会	一站服务	信息通关	防范风险	信息治理	地址
北京	物资流通类	中国水产流通与加工协会	http://www.cappma.org/	√				√		√	北京市朝阳区麦子店街 40 号富丽华园 A 座 101
		中国铁道物资流通协会	http://www.crmca.org.cn/		√		√	√	√	√	北京市西城区华远街 11 号
		中国建筑材料流通协会	http://www.cbmta.org/	√		√	√	√	√	√	北京市西城区月坛北街 25 号 2421 室
		中国机械设备成套工程协会	http://www.zgct.org.cn/					√	√	√	北京市海淀区恩济庄 46 号 F 区 205 室
		中国汽车流通协会	http://www.cadla.cn/	√		√	√	√	√	√	北京市西城区广安门外大街 248 号机械大厦
		中国农业生产资料流通协会	http://www.chinanzxh.com/	√	√	√	√	√		√	北京市西城区宣武门外大街 1 号环球财讯中心 c 座 15 层
		中国农业机械流通协会	http://www.camda.cn/			√	√	√	√	√	北京市西城区月坛南街 26 号院 5
		中国果品流通协会	http://www.china-fruit.com.cn/	√	√	√	√	√		√	北京市海淀区复兴门内大街 45 号
		中国副食流通协会	http://www.cnfca.com/	√	√	√	√	√		√	北京市西城区西直门外大街 110 号中糖大厦 7 层
		中国石油流通协会	http://www.cpca.com.cn/	√	√	√	√	√		√	北京市西城区西直门外大街 18 号金贸大厦 B 座 5 层

续表

地区	类别	协会名称	网址	微信公众	官方微博	移动协会	一站服务	信息通关	防范风险	信息治理	地址
北京	物资流通类	中国畜产品流通协会	http://www.cabma.com.cn/	√		√	√	√		√	北京市海淀区复兴门内大街45号
		中国蔬菜流通协会	http://cava.org.cn/	√		√	√	√		√	北京市海淀区复兴门内大街45号
		中国酒类流通协会	http://www.zgjlxh.org.cn/	√		√	√	√		√	北京市西城区西直门外大街110号
		北京礼品流通协会	http://www.lplt.org/	√	√	√	√				北京市朝阳区林萃桥北200米路东
		北京金属材料流通行业协会	http://www.bjmcc.org/	√		√	√			√	北京市丰台区南四环西路188号总部基地12区48号楼5层
		北京市健身器材流通协会	http://www.bfeca.com/	√	√	√	√	√		√	北京市石景山区实兴大街30号院3号楼2层D-0050
		北京市石油成品油流通行业协会	http://www.capitalpetro.com:7001/index.do	√		√	√	√		√	北京市东城区马家堡路1号陶然大厦7层02
	其他	中国散装水泥推广发展协会	http://www.chinabca.com/	√		√	√	√		√	北京市西城区月坛北街25号
		中国物流技术协会	http://www.cllta.org.cn/	√		√	√			√	北京市西城区月坛北街25号
		北京电子商务协会	http://www.beca.org.cn/	√		√	√	√	√	√	北京市西城区莲花东路丙1号312室

续表

地区	类别	协会名称	网址	微信公众	官方微博	移动协会	一站服务	信息通关	防范风险	信息治理	地址
天津	综合类	天津市现代物流协会	http://www.tj56.com/				√	√		√	天津市河西区友谊北路29号
	交通运输类	天津市交通运输协会	http://02228359977.locoso.com/							√	天津市河西区友谊路13号
		天津快递协会	http://www.tjkdxh.com/				√	√	√	√	天津市和平区解放北路89号
		天津市国际货运代理协会	http://www.tiffa.com.cn/	√		√	√	√	√	√	天津市河西区台儿庄路118号
	港口和口岸类	天津市港口协会	http://tianjin.chinaports.org/							√	天津市滨海新区（塘沽）津港路99号
		天津报关协会	http://www.tcba.org.cn/	√			√	√			天津市南开区城厢中路新隆轩1号
	物资流通类	天津市宝玉石流通行业协会	http://tjbysll.com/	√		√	√	√		√	天津市南开区南城街大公馆13号楼
	其他	天津市建材业协会	http://www.tjbmi.org/				√	√		√	天津市河东区六纬路85号
		天津市东丽区物流行业协会	http://www.tjdl56isoc.net/					√		√	天津市东丽区先锋路1号
河北	综合类	河北省现代物流协会	http://www.hebeiwl.net/			√	√	√	√	√	河北省石家庄市桥西区工农路499号
		中国物流联合运输协会	http://www.e56365.com/index.php	√	√	√	√	√		√	河北省衡水市桃城区红旗大街1910附近

续表

地区	类别	协会名称	网址	微信公众	官方微博	移动协会	一站服务	信息通关	防范风险	信息治理	地址
河北	综合类	邢台市物流协会	http://xt56.org/				√	√	√	√	河北省邢台市经济开发区港口大街1556号
		邯郸市物流信息行业协会	http://2643113.01p.com/							√	河北省邯郸市丛台区新兴大街
		河北省现代农业物流协会	http://03118533089.locoso.com/							√	河北省石家庄市新华区新华路与维明路交叉口,新华路212号
		石家庄市现代物流协会	http://www.sjz56.cn/				√	√	√	√	河北省石家庄市新华区新华路172号
		唐山市物流行业协会	http://tswlxh.org/				√	√	√	√	河北省唐山市路北区煤医道14号
	交通运输类	河北省快递行业协会	http://www.hebkd.org/				√	√	√	√	河北省石家庄市长安区范西路1号
	物资流通类	河北省国际货运代理协会	http://www.hebifa.com/				√	√		√	河北省石家庄市新华区和平西路589号
		河北省汽车运通行业协会	http://www.hbaac.com/	√		√	√	√		√	河北省石家庄市长安区建华北大街86号
		河北省金属材料流通协会	http://www.hbjscl.com/				√	√	√	√	河北省石家庄市长安区体育北大街199号
	港口和口岸类	河北报关协会	http://www.hbcba.org.cn/				√	√		√	河北省石家庄市裕华区槐中路201号宾南花园A-1-2206

表 7-7 京津冀物流相关行业协会信息化一览

地区	类别	协会名称	微信公众号	官方微博	移动协会	地址
北京	其他	北京市通州区物流协会				北京市通州区新华北街 301 号
天津	港口和口岸类	天津保税空港空港企业协会	√	√	√	天津市空港经济区西三道 166 号
	物资流通类	天津市茶叶流通协会	√		√	天津市和平区长春道 1 号
		天津市汽车流通行业协会	√		√	天津市长江道 495 号
		天津市汽车轮胎流通行业协会	√		√	天津市滨河新苑 27 号楼
河北	综合类	邯郸市物流信息行业协会				河北省邯郸市丛台区新兴大街
		保定市快递协会	√		√	河北省保定市莲池区科苑街 268 号
		保定市交通运输协会				河北省保定市新市区东风西路市政府大楼
	交通运输类	保定市汽车运输行业协会				河北省保定市蠡县紫微路剑桥英语幼儿园
		石家庄市快递行业协会				河北省石家庄市新华区兴凯路 219 号
		石家庄市道路运输行业协会				河北省石家庄市新华区红军大街 95 号
		石家庄市大件物流协会				河北省石家庄市东华街道裕华东路 29 号
		秦皇岛交通物流协会				河北省秦皇岛市海港区建设大街 123 号
		秦皇岛市快递行业协会				河北省秦皇岛市民族路 339 号环美大厦
		张家口交通运输协会				河北省张家口市桥西区河严明大街 103 号
	物资流通类	保定市烟草流通行业协会	√			河北省保定市莲池区七一中路 172 号
		邢台市物资流通协会				河北省邢台市桥东区新华南路 408 附近
		邯郸市农副产品流通协会				河北省邯郸市邯山区邯山大街 136 号
		石家庄市汽车流通行业协会		√	√	河北省石家庄市友谊南大街 185 号
	港口和口岸类	河北口岸协会				河北省石家庄市红旗大街

　　北京市是全国的政治发展中心，经济、地理条件都具有相对优势，其物流业的发展水平在国内遥遥领先，物流行业协会具有数量多、规模大、作用广的特点。

　　北京市物流行业协会多而杂，很多外省的物流协会（如香港物流协会）也纷纷在北京成立，主要致力于全国物流的发展，其中比较知名的协会有中国物流与采购联合会、中国物流学会等。天津市结合自己的港口优势，其协会大多数以港口海运为主，如天津市国际货运代理协会。河北省物流行业协会呈现地区化的特点，河北省的一些地级市大都有小型的物流协会，致力于当地的物流发展，如邢台市物流协会、唐山市物流协会等。

　　从京津冀地区 92 个物流行业协会信息化发展程度来看，北京市的物流行业协会共 53 个，建有信息平台的有 52 个。按照物流行业协会的性质和信息平台所提供的服务与功能将其分为 8 类，分别为综合类、港口和口岸类、交通运输类、物资环保类、仓储类、物资流通类、学会类和其他，其比例如图 7-3 所示。

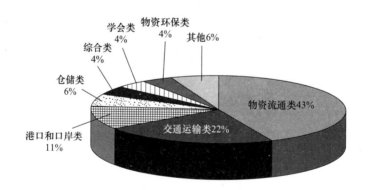

图 7-3　北京市物流相关行业协会分类比例

　　天津市物流行业协会共 13 个，全部都有各自的信息平台，分为综合类、交通运输类、港口和口岸类、物资流通类和其他，其物流行业协会分类比例如图 7-4 所示。

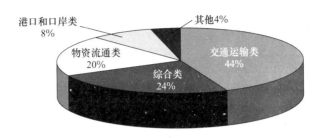

图7-4　天津市物流相关行业协会分类比例

河北省物流行业协会共有26个，其中有信息平台的有14个。按照物流行业协会的性质和信息平台所提供的服务与功能分为综合类、交通运输类、物资流通类、港口和口岸类、其他。其物流行业协会分类比例如图7-5所示。

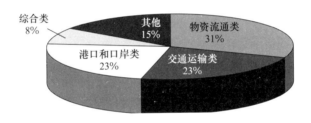

图7-5　河北省物流行业协会分类比例

（二）京津冀物流行业协会信息平台功能介绍

笔者对京津冀各地区协会信息平台的功能进行统计分析，统计了各地区协会信息平台所发挥功能的比例情况（见图7-6）。

京津冀物流行业协会作为特殊的第三部门，通过应用信息技术和利用信息资源，打造综合一体化公共信息平台，建立和完善各种类型的数据库和网络，具有且能够发挥服务企业和管理企业的功能。京津冀物流行业协会作为京津冀市场经济活动中重要的中间组织，基本职能是沟通企业与政府的关系，为企业和政府服务，信息平台功能是实现物流行业协会基本职能的手段，主要表现在移动协会、一站式服务、信息通关、防范风险和信息治理五方面。

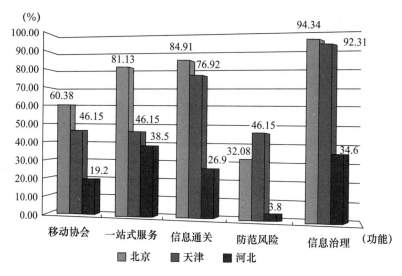

图 7-6　京津冀各地区物流协会信息平台功能比例

1. 移动协会

随着全球智能手机和新型网络连接设备普及率的快速提高，以及移动宽带网络和服务的拓展，移动协会无疑将在未来的信息化中发挥重要作用。京津冀地区物流类行业协会打造物流公共信息移动平台，用户通过公共信息移动平台获取信息，各用户无须购买昂贵的、用以支持信息系统的应用服务器、数据库服务器以及相关设备获取信息，只需通过移动通信技术如 PDA、移动电话和卫星通信就能获取信息和服务。同时，通过协会公共信息移动平台，所有用户遵照一套标准的业务流程，统一物流业务标准，实现用户之间高质量的信息共享。例如，中国物流联合运输协会的中国物流门户网站就有提供车源信息和货源信息的功能。另外，中国物流与采购联合会、中国国际货运代理等物流行业协会都建有微信公众号和微博官方平台，这也体现出移动协会的功能。

2. 一站式服务

物流类行业协会一站式服务平台汇集京津冀地区各类大、中、小物流企业运营和设施设备信息系统，数据交互平台负责物流信息系统中公共信息的标准化和规范化定义、采集、处理、组织和存储，实现数据交换和格式转换功能，实现不同物流信息系统之间的跨平台连接和交互，促进物流系统的通畅运行，为物流类行业协会各会员提供一站式接入服务。① 例如，北京地区规模比较大的、相对有影响的物流行业协会有中国物流与采购联合会，其信息平台提供的服务主要有企业评估、资讯、政策法规、物流招标、案例物流信息化、信用评级、物流标准、统计数据等，充分发挥了行业协会沟通企业与政府的关系、服务企业和政府服务功能。

3. 信息通关

物流信息的顺畅流动对提高物流行业运作效率和运营效益至关重要。信息服务平台连接物流企业、上下游生产制造企业、政府部门等，形成完整的供应链系统，满足不同物流行业的信息需求和功能需求。例如，对于京津冀物流行业协会会员，提供发布和查询物流供求、物流运作成本和物流服务质量等实时信息；对于政府部门，发布法律法规政策等行业信息，查询一定时期、一定区域范围内，甚至是一定功能范围内的反映物流行业活动的历史统计数据，分析物流发展动向趋势，辅助政府宏观决策，如天津市国际货运代理协会信息平台所提供的功能。

4. 防范风险

从物流行业协会会员的角度来看，物流行业协会作为第三部门组织，能在很大程度上降低行业协会会员在合约签订和履行中的交易成本。物流类行业协会通过建立物流行业内企业交易的信息库，提供查询企业历史交易信息记录服务，减少信息不对称，降低会员之间合作的可能风险。② 从社会角度来看，交易成本是获得准确市场信息所需要的费用，物流类行业协会从事历史交易信息服务活动的成本远远小于企业单独搜寻信息花费的成本，有利于

---

① 姜燕宁，郝书池，林媚珍等.物流行业协会发展现状与功能提升对策研究［J］.物流科技，2011, 34（1）: 45-47.
② 王兰. 物流类行业协会网站评价体系研究［D］安徽大学，2014.

发挥规模经济效益。从风险角度来看，通过建立信用等级评估指标及体系对企业进行信用认证，这样可以提高会员企业的自律意识，从而控制风险，如中国医药物资协会信息平台的信用评价。

5. 信息治理

对于物流类行业协会，有效的监督和治理不仅需要第三部门的自律，而且需要政府和社会的广泛参与。为构建行业协会监督和治理的完善机制，物流类行业协会适应信息化需要，建设方便公众参与的信息监督系统，将各类监督反馈信息发布于协会网页，综合运用诚信监管等手段，依法依规对公众发现的问题进行处理，及时全面地发挥监督促进作用，最终形成物流类行业协会的自律与政府、社会的他律良性互动的局面。在京津冀92个物流行业协会中，有71个行业协会信息平台都建设有信息监督和意见反馈链接，从而有效地促进了政府、企业、社会的互动，提高了信息治理的能力，如河北省现代物流协会设有网络监督专区。

（三）京津冀物流行业协会信息平台服务效益

京津冀物流行业协会的信息化平台建设主要以官方网站的建设为主，只有发挥好网站信息化交流平台的作用，才能吸引更多的企业会员和物流专业人士加入，更好地为中国物流业的发展做出贡献。京津冀物流行业协会信息平台产生的服务效益已经逐渐凸显。

从北京物流协会来看，一方面，始终秉持服务的宗旨，以"小协会大作为"的发展理念，为政府抓好行业发展、为企业做大做强做了大量工作，取得了丰硕成果，也为推动北京市物流业的发展做出了积极贡献。另一方面，以公共信息平台推进行业发展。在北京市商务委的支持下，北京物流协会于2007年组织建设了北京物流公共信息平台（以下简称平台）。平台取得了一些相关成果，获得省部级科技进步二等奖。目前，平台已具备了一定的社会影响力，取得了初步的社会效应。平台在促进资源共享，提高社会物流资源利用率；实现共同配送，减少车辆空驶，从而缓解交通压力，促进低碳物流的发展；降低社会物流总成本，推动物流产业升级等方面将起到积极的促进作用。

天津市具有代表性的天津现代物流协会成立于 2012 年，其信息化平台不仅包括一些国家物流规划、政策的发布，还介绍一些正在开发的物流领域、先进的物流技术，挖掘和培养专业的物流人才，为天津进出口贸易的发展提供了良好的条件。

河北省具有代表性的平台——河北省现代物流协会，积极响应国家政策，其信息化平台及时发布市场信息、科技信息、政务信息和公共信息等，以便更好地服务于河北省的物流企业。

第八章

京津冀物流活动部门信息化现状

一、京津冀口岸信息化建设状况

（一）京津冀口岸发展现状

随着京津冀一体化改革的不断深入，京津冀三地口岸建设的融合度也在提高，保税区、港口、海关、空港等口岸一体化进程都在加快，京津冀三地的协同发展令各企业也享受到了通关的好处。随着贸易往来的频繁，除了一些原有的口岸外，还出现了很多新建口岸，比如北京地区的朝阳口岸、丰台货运口岸、北京西站铁路口岸、北京天竺保税区、北京亦庄保税区、首都国际机场等；天津的天津港、天津东疆保税港区、天津滨海国际机场等；河北的石家庄海关、曹妃甸保税区、秦皇岛口岸、石家庄正定机场等。

京津冀海关通关一体化自 2014 年 7 月 1 日起实施，在一体化通关之前，当地海关"各自为政"，各业务现场只能执行本关区的通关指令，跨关区货物通关难以由一个海关办结，企业必须在不同关区间往返奔波。一体化通关之后，三地海关均可放行三地企业在三地口岸进出境的货物，可以不再使用转关运输等传统的海关监管方式，比如货物从北京或者天津进口，而石家庄海关就可以放行，极大便利了企业的通关运行，缩短了报关时间，外加无纸化办公，通关效率提高，企业可通过计算机远程"遥控"货物的进出口，这是目前口岸信息化发展带来的好处。

（二）国外口岸信息化建设简介

中国是一个发展中国家，信息化水平还处于初级阶段，同一些发达国家相比存在着很大的差距，特别是对于口岸信息化来说，国外的研究发展比较成熟，因此了解国外的口岸信息化现状，对国内的电子口岸建设具有一定的借鉴意义。

在早期，Sue Garstone[①]曾于1989年对电子数据交换（Electronic Data Interchange，EDI）在港口业务中的作用做出了重要的说明，EDI是指为商业或行政事务处理，按照一个公认的标准，形成结构化的事务处理或消息报文格式，如国际贸易中的采购订单、装箱单、提货单等数据的交换。在深海贸易中，传统的集装箱码头和船舶规划者是通过电传或传真来进行信息交换的，通常这种信息交换对于远东贸易至少要产生60页的传真，同时传输效率慢，时效性比较低，而EDI能够节约时间，减少了错误发生的同时利用了最新的可用信息，一个口岸的最新数据将通过EDI直接发送到下一个港口的端口计算机系统中。由此可见，EDI通过使用专门提供的增值服务的网络，致力服务于货物运输行业，该服务使各个航运公司和全球集装箱码头通过一个链接可以交换实时的状态信息，因此它成为了连接全球商业和贸易伙伴的重要桥梁。

M. Kia、E. Shayan和F. Ghotb[②]曾谈到信息技术在港口码头操作中的重要性，指出在国际运输公司和港口中信息技术已经成为必不可少的一部分，自动化信息系统为集装箱码头和运营商提供了广泛的选项。在集装箱码头使用电子设备不仅减少了人工劳动和文件流，同时也促进了信息流的交换，提高了决策的质量。包括互联网、供应链管理在内的信息技术促进了企业和个人在商业交易间的信息交流，并提高跨供应链的增长和盈利。

---

① S. Garstone. Electronic Data Interchange（EDI）in Port Operations［J］. Logistics Information Management，1989，8（4）：30–33.

② M. Kia，E. Shayan，F. Ghotb. The Important of Information Technology in Port Terminal Operations ［J］. International Journal of Physical Distribution & Logistics Management，2000，30（3/4）：331–344.

新加坡港口的 EDI 网络系统（PORTNET）与其国家 EDI 贸易网系统（TRADENET）是互为独立的两个 EDI 网络。新加坡海关在 TRADENET 上进行运作，PORTNET 用户可以通过 EDI 中心向 TRADENET 传输信息。目前，新加坡港已与两个亚洲港和六个非洲港建立了电子通信路线。新加坡港务局 PSA 和 TDB 联合开发了一个新的 EDI 系统 MAINS（Maritime Information System），使航运公司、货运代理商、贸易伙伴和监管机构的有关文件以电子数据的格式统一起来，从而使新加坡成为世界上第一个成功规范各种运输文件和数据的国家。

巴生港是马来西亚的第一大港，有 600 多条航线通往世界港口，目前正在建设港口自由贸易区。1993 年，巴生港开发了"港口团体系统"（Port Klang Community System，PKCS），是一个采用 EDI 技术的信息服务系统，其主要目的在于以下方面：一是改进港口货物通港运作，减少滞港时间，实时跟踪托运货物状态；二是及时准确地提供船货清单和货物通港申报信息；三是提供标准化的贸易单证。

德国汉堡港海运 EDI 中心的应用系统主要功能有以下几点：一是货代使用单证系统，二是理货使用单证系统，三是海关通信系统，四是船舶信息系统，五是危险品信息系统，六是集装箱管理系统，七是船代集装箱多式联运网络，八是国际通信桥梁。

安特卫普港 SEAGHA 是比利时的 EDI 系统，是安特卫普港和布鲁塞尔港的货运管理系统，SEAGHA 的未来发展计划与安特卫普港信息和控制系统（APICS）相连，与比利时铁路系统连接。该 EDI 工程包括安特卫普港、不来梅港、汉堡港、鹿特丹港、福利克斯托福港关于危险品货物的电子数据交换。[①]

（三）京津冀口岸物流信息平台的运营与信息系统

京津冀口岸物流信息平台采用 B2B 的商业模式，其成熟期的盈利模式

---

① 李元爱. 我国中小物流企业信息化的需求与发展对策［J］. 物流工程与管理，2015，37（1）：70—72.

为数据传输服务、信息发布、咨询服务、广告和会员制相结合。京津冀口岸物流信息平台的运营模式主要有两种。[①] 一是由政府牵头组织的口岸物流信息中心。主要由有关政府部门，如口岸委、信息委等共同发起组建的"口岸物流信息中心"申请政府拨款，并投入建设和运营，待平台正式运行并得到市场反应后，再吸引投资，并将该中心转为有限责任公司。这种运营模式容易获得中央和地方的政府资源，项目建设和运行初期政府推动的力度大，容易操作，如北京电子口岸和石家庄电子口岸。二是由政府牵头发起并组建的口岸物流信息股份公司，如天津电子口岸。

1. 北京电子口岸

北京电子口岸（门户网站 http://www.bjeport.gov.cn/）是为了更有效地整合北京市各地方政府的口岸信息资源，为北京市各地方政府提供口岸信息的综合服务平台，旨在更好地为社会、为企业服务，更有效地推动电子政务化的进程。北京电子口岸是具有北京地区特点的口岸综合信息服务及应用处理平台，以企业、社会、政府部门为服务对象，利用网上的电子口岸执法系统和企业应用系统等功能，对北京地区口岸物流、相关企业及政府职能部门的信息资源整合，实现相互间的互联互通、数据交换和信息共享，提供进出口管理、口岸通关、口岸物流等方面的应用功能和信息服务，从而改善投资环境、提高通关效率、降低企业运营成本，以推动北京地区对外经济贸易发展。

北京电子口岸由中华人民共和国北京海关、北京出入境边防检查总站、国家外汇管理局网上服务平台和北京市国家税务局第三直属税务分局共建，由中国电子口岸数据中心北京分中心负责维护，并由北京市人民政府口岸办公室负责平台管理（见图 8-1）。

北京电子口岸的统计数据显示，2014 年 7 月 1 日通关一体化改革后，外贸企业不仅可以自由选择三地通关，通关货量和通关效率也明显提升，2014年北京口岸海关监管货物总量为 2101.7 万吨，增长 363.1%，北京市企业

---

① 邓少灵. 口岸物流信息平台 [M]. 北京：人民交通出版社，2007.

通过京津冀海关报关进出口货物为 1287.75 亿美元，同比增长 8.5%，占全市进出口量的 31%，通关时间平均节省 20% ~ 30%，北京企业就地报关的通关时间与 2014 年前 6 个月比降低了 24 小时，这使得企业成本费用下降。例如，北京企业通过天津港进出口，在货物当天运抵且正常验放的情况下，通关成本较改革前降低 1/3 左右。

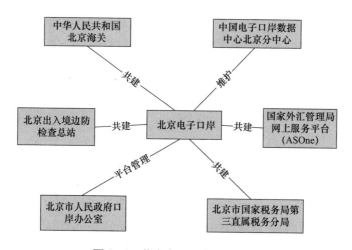

图 8-1　北京电子口岸平台构建

此外，北京电子口岸统计数据还显示，2015 年 7 ~ 10 月，北京企业经津冀口岸进口，由一体化海关通关的平均通关时间为 51.1 小时，其中选择在北京海关（属地）申报通关的平均通关时间为 41.86 小时，选择在异地（天津、石家庄）海关申报通关的平均通关时间为 58.36 小时，北京企业就地报关的通关效率明显高于异地通关效率。同时，北京企业选择就地报关的通关时间较 2015 年前 6 个月的通关时间降低 23.01 小时，企业通关时间成本降低近一天。

北京电子口岸网站采用国际贸易通用色蓝色为主色调，图片与文字相结合，包含通知公告、口岸业务、通关服务、口岸政策法规、企业办事流程、北京口岸、下载中心七大版块，栏目设置合理，使用界面友好，内容信息丰富。

口岸政策法规和企业办事流程两个模块能够做到信息及时更新，并增设旅客服务专栏，对旅客通关政策、通关流程等，特别是离境退税、24小时过境免检、72小时过境免签等政策进行了详解，做到既有货运又有客运。未来将重点开发一批执法应用系统，涵盖进出口企业资质办理、货物申报、旅行团出境申报、高风险疫情通报、进出口企业征信信息联网、京津冀协同监管、手机移动 APP 通关等业务办理，功能更加强大，服务更加到位，真正实现"单一窗口"。

该网站对资源窗口进行了整合，凸显了便捷性。重新规划并完善了"一站式"综合门户，着眼于国际贸易"单一窗口"，集口岸各相关单位服务和信息资源于一体，为企业用户提供统一的登录、浏览、操作等入口功能。未来通过"一站式"综合门户，企业可以快捷访问各种信息查询服务，在线办理大通关的各种服务手续，进行各类应用系统的操作。

北京电子口岸信息平台提供关检"三个一"查验放行系统、展览品监管系统、进出口联网审核系统、旅行团处境预申报系统、高风险及疫情预警通报系统。目前，关检"三个一"查验放行系统、展览品监管系统已经正式运行，进出口联网审核系统、旅行团处境预申报系统、高风险及疫情预警通报系统仍在调试建设中。

2. 天津电子口岸

天津电子口岸（http://www.tjeport.gov.cn/default.htm），是由天津电子口岸发展有限公司承建的。该公司是在天津市政府与海关总署等有关部委的支持下创立的，注册资金为 3000 万元，公司业务依托于天津市商务委、中国电子口岸数据中心、天津海关、天津出入境检验检疫局、天津港（集团）有限公司、天津海事局、天津出入境边检总站等单位的支持。公司主要承担天津电子口岸的建设和运营任务，构建了全程物流信息服务平台、政府执法服务及全程信息服务平台，共同构筑电子政务、电子商务、电子物流三位一体的跨部门、跨行业、跨地区的口岸公共信息平台，提供口岸通关相关信息化服务。将具体实施天津市政府的"大通关"战略，推动电子口岸建设，提高口岸工作效率。

自2014年起，天津电子口岸建设进一步加快，信息服务保障能力显著增强。2014年其门户网站总点击率突破444万，数据交换总量达2089.59万次，在原有口岸执法功能的基础上，拓展了国际贸易、国际航运、国际物流、口岸金融等功能，拥有68项在线办事、89项信息查询功能，聚集了2600多家单位，成为天津口岸综合性服务平台。初步建设完成了天津跨境电子商务综合服务平台，支持了跨境电子商务发展。京津冀一体化改革实施以来，天津海关通过"中国海关网上服务大厅"和"12360"海关服务热线等电子口岸服务功能，为企业提供"通关状态查询""通关疑难咨询"等公共服务，2015年已受理各类业务咨询和解决通关疑难问题62548人次，平均每个工作日250人次，均同比增长82%。

天津电子口岸由天津市口岸服务办公室、天津市滨海新区人民政府、中国电子口岸、天津东疆保税港区管委会、天津海关、天津出入境检验检疫局、天津国际贸易与航运服务中心、天津海事局共同建设（见图8-2）。

天津电子口岸网站的执法系统包含了天津海关、检验检疫局、天津海事局、天津边检总站、天津港和天津电子口岸的所有执法系统，这些系统分别为天津海关的国际航行船舶集中申报系统（海关部分）等七个系统、检验检疫局的天津口岸卫生除害处理信息化管理系统等八个系统、天津海事局的国际航行船舶集中申报系统（海事部分）、天津边检总站的出入境船员及旅客申报系统。天津电子口岸应用系统主要有以下六个信息系统：国际航行船舶集中申报系统（电子口岸部分）、出入境航空器集中申报系统（电子口岸部分）、报关报检一次录入分别使用（一单两报）系统、国际航行船舶媒介生物监测预警系统、天津电子口岸全程物流信息服务平台、天津电子口岸物流在线平台。

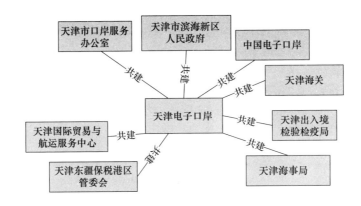

图 8-2　天津电子口岸平台构建

3. 河北电子口岸

河北省政府于 2015 年 12 月 31 日试行了最新的电子口岸门户网站（中国电子口岸中心石家庄分中心 http://www.sjzeport.cn/）。河北省电子口岸是按照国际贸易单一窗口模式和地方电子口岸建设"三统一"标准开发建设，集成口岸通关业务的咨询、数据、应用项目三大内容，分为门户首页、资讯中心、应用中心、查询中心、平台概况、客服中心六大平台服务版块。应用中心包含了"三个一"和"船舶申报"两个应用项目以及 17 个集成应用，建立了各查验单位的网上办事大厅，实现了口岸动态信息、通关数据和政策法规实时查询，为查验单位提供便捷执法服务，为对外贸易企业加快通关速度提供了单一平台。2016 年，河北省开展跨境电商等执法服务项目建设，进一步改善河北通关贸易环境。2015 年，该平台已有 20 万条数据记录，实现了检验检疫实时数据查询。

河北电子口岸应用项目共有九个，分别是集成通、电子账册、内销征税、电子税费支付、报关申报业务、纸质手册电子化、新舱单及运输工具、转关申报运抵报告和保证金台账联网核查。

（四）京津冀口岸信息平台的主要功能

京津冀电子口岸以信息服务平台为依托，形成了符合京津冀三地各有特色的电子口岸网站，同时搭建了统一的申报平台、风险防控平台、专业审单平台和现场作业平台，将京津冀地区企业视为同一个关区的企业，以便各家企业都能享受到一体化通关带来的便捷。京津冀电子口岸门户网站和口岸执法系统除了各自拥有大体相同的基本通关服务外，还有许多不同的特色功能（见表 8-1、表 8-2）。

表 8-1　京津冀电子口岸门户网站的主要功能

京津冀电子口岸	新闻动态	通知公告	办公指南	口岸知识宣传	资料下载	常用链接	企业黄页	政务公开服务	办事执法系统
北京电子口岸	√	√	√	√	√	√		√	√
天津电子口岸	√	√	√		√	√			√
河北电子口岸	√	√	√		√				√

表 8-2　京津冀电子口岸服务功能汇总

电子口岸分类		电子口岸服务功能			
北京电子口岸	北京电子口岸执法系统	关检"三个一"查验放行系统			
		展览品监管系统			
		进出口联网审核系统			
		旅行团出境预申报系统			
		高风险及疫情预警通报系统			
	北京电子口岸业务	首都之窗	检验检疫		商务
		外汇管理	国税		旅游
		海关	边防检查		工商
	北京电子口岸通关服务功能	窗体顶端	国别地区	征免性质	用途代码
		关区代码窗体底端	计量单位	企业性质窗体底端	国内地区
		运输方式	港口航线	征免方式	成交方式
		贸易方式	商品税率	包装方式	结汇方式

续表

电子口岸分类	电子口岸服务功能			
天津电子口岸	天津电子口岸政府执法服务	船舶申报	检验检疫舱单申报	检验检疫集中转检	检验检疫场库放行
	天津电子口岸物流在线服务	货物在线		堆场在线	
	天津电子口岸全程信息服务	海关放行信息查询	检验检疫入境货物放行信息查询	进口舱单信息查询	
河北电子口岸	中国电子口岸执法系统				
	联审平台				
	入网状态查询				
	通关信息查询	通关状态查询	报关员计分查询	商品信息查询	归类公告查询
		舱单信息查询	企业基本信息查询	通关参数查询	海关法规查询
	电子口岸业务代办				

二、京津冀物流企业信息化现状

（一）京津冀物流企业基本概况

打破行政区划界线、引导物流资源跨区域整合和优化配置、实现京津冀物流业协同发展，不仅是现代物流业发展的客观需要，也是京津冀广大物流企业的共同期盼。近年来，三地经济合作不断加强，物流行业联动发展步伐不断加快，物流一体化运作正在变为现实。物流企业信息化是物流现代化运作和快速发展的基础，也是实现物流系统提高效率、降低物流成本的前提和关键环节。

京津冀地区物流企业蓬勃发展，物流企业规模不断壮大。京津冀地区的物流企业数目增长较快，与 2012 年相比，2013 年交通运输、仓储和邮政业、批发和零售业法人单位数增长迅速，其中北京市（增加了 6052 个）增长率高达 74.73%，其次是河北省（增加了 1828 个）和天津市（增加了 714

个），增长率分别为 25.57% 和 7.34%。与此同时，京津冀地区的物流企业的业务量总体保持平稳较快增长，业务结构优化持续升级。物流信息平台成为物流企业建设的重点和新的收入增长点。根据国家发展改革委、国家统计局和中国物流与采购联合会联合发布的《2014 年度全国重点企业物流统计调查报告》，2014 年我国物流企业物流业务收入比上年增长 6.7%，增幅同比回落 5.4 个百分点；2015 年前三季度物流市场规模增速小幅回落，物流业总收入 5.4 万亿元，同比增长 5.1%。如图 8-3 所示，物流信息及相关服务收入和一体化物流业务收入保持高速增长，2013 年比 2012 年分别增长 94.0% 和 31.0%，在物流企业收入结构中，一体化物流业务收入占 9.7%，信息及相关服务收入占 1%，同比分别提高 1.9 个和 0.5 个百分点。这表明，在京津冀协同发展战略规划支持下，物流一体化和信息化服务收入正逐步成为物流企业收入增长的亮点。

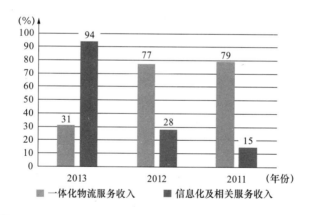

图 8-3　2011 ~ 2013 年京津冀地区物流细分收入增长情况

物流企业人工成本的增加和信息化发展有着密不可分的关系，物流信息平台的建设被认为是物流企业减轻逐年增大的成本压力、降低日益上涨的人工成本占比和提高物流企业效率的关键。

我国企业物流信息化发展推进较快，取得了一定的成效。2010 年中国物流与采购联合会对我国企业物流信息化水平进行了调研，2010 年 3 ~ 8 月，总共发放问卷 1000 份，得到有效问卷回执 128 份，形成了《2010 年中国企业物流信息化调研报告》。调研结果显示，我国企业基础信息化建设取得了较大的进步。大约 70.5% 的企业建立了管理信息系统，其中自行开发和购买软件的企业分别占 40.2% 和 37.6%，其次是联合开发，购买服务、长期外包的比例最低。另外，系统之间没有集成的企业占 16%，系统之间部分集成的企业占 62%，系统之间全部集成的企业占 22%（见图 8-4）。大多数企业都很重视新技术的应用，应用条形码的占 40%，应用 GPS+GIS 技术的占 32%，应用 RFID 或 RF 技术的占 19%，应用手机定位技术的占 9%，物流信息技术尚未在企业中普及（见图 8-5）。

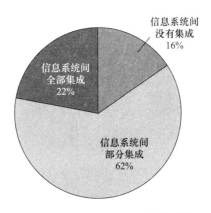

图 8-4　企业信息系统之间的集成情况

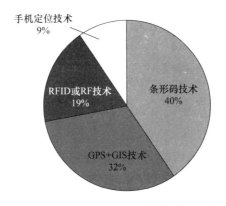

图 8-5　物流企业应用新信息技术的应用情况

京津冀物流企业信息化整体水平不高，同国际先进水平相比，仍存在很大的差距，主要体现在以下方面：基础设施落后、物流专业水平低、管理体制分割、缺乏统一规划、标准不统一、"大物流"体系尚未形成、物流企业信息化水平亟待提高。因此，物流行业信息化迫在眉睫，加速物流信息化建设是物流行业体制创新、技术创新、管理创新的基础，也是增强物流企业核心竞争力的唯一选择。

现代物流对信息化的要求很高，不仅要求物流管理中各环节的智能化，还要求物流运营中各业务的信息化，比如物流采购、物流生产、物流销售、物流回收等的高效化和专业化。由于现行运营体质的限制，京津冀地区多数的物流企业信息化主要是内部组织完成，物流信息并未向专业化、规模化的方向发展。专家指出，京津冀物流信息化今后必须走信息资源共享化、信息网络一体化的发展之路。

（二）京津冀物流企业信息平台功能介绍

物流信息化在企业业务管控中主要起简便高效的作用和成效。物流信息平台提供了易操作的良好界面，提高作业效率，减少人工的错误率；提供了公司简介、荣誉资质、企业文化等基本功能，展现了公司的规模与服务能力；提供了新闻动态等信息展示功能，展现了物流行业的发展动态；提供了业务介绍、产品服务、运力资源等具体功能，为能够与客户进行良好合作进行了全面介绍，并通过联系功能模块实现客户的咨询便捷。

经过统计 104 家京津冀地区国家 A 级及 A 级以上物流企业建设信息平台的情况，公司简介、新闻动态、业务产品、车辆路线等平台功能状况统计结果如表 8-3 所示，企业选取自物流产业大数据平台[①]，其中国家 A 级物流企业的评定参照中国物流与采购联合会发布的《物流企业分类与评

---

① 物流产业大数据平台，http://www.wldl.org/。

估指标》（GB/T 19680—2005）[①]。按照企业有无信息化网站平台进行分类，有网站企业和无网站企业结果分别如表 8-3 和表 8-4 所示。

表 8-3　京津冀地区中国家 A 级物流企业的信息平台情况（有网站）

区域等级	公司	网址	公司简介	新闻动态	业务产品	车辆路线	联系方式	荣誉资质	企业文化
北京 5A	宝供物流企业集团有限公司北京分公司	http://www.pgl-world.com/	√	√	√	√	√		√
	北京远成物流有限公司	http://www.ycgwl.com/	√		√	√	√		
	中铁现代物流科技股份有限公司北京分公司	http://60.247.27.173：8001/CRMLWebApp/	√	√	√		√		
	北京市邮政速递物流有限公司	http://www.bj-cnpl.com/webpage/aboutus.asp		√	√	√	√		
	中铁现代物流科技股份有限公司	http://60.247.27.173：8001/CRMLWebApp/	√	√			√		
	五矿物流集团有限公司（母公司）	http://www.minmetals.com.cn/	√	√		√	√	√	√
	中国兵工物资集团有限公司	http://www.ordins.com/	√	√	√		√		√
	中国外运长航集团有限公司	http://www.sinotrans-csc.com/	√	√	√				√
	中铁物资集团有限公司	http://www.crmg.com.cn/	√	√			√		√
	中国远洋物流有限公司	http://www.cosco-logistics.com.cn/	√	√			√		√
	中铁物流集团有限公司	http://www.beijingztwl.com/	√	√			√	√	
	中铁集装箱运输有限责任公司	http://www.crct.com/portal/index.jsp	√				√		
	国药集团药业股份有限公司	http://www.cncm.com.cn/	√	√		√	√		√
	中铁快运股份有限公司	http://www.cre.cn/jsp/index.jsp			√	√	√		
	中国物资储运总公司	http://www.cmst.com.cn/			√		√		√

① A 级物流企业评估的依据、制度、办法［EB/OL］.［2016-03-15］. http://shanwulian.org/art_list_cont_cont.aspx?cont_id=32675.

续表

区域等级	公司	网址	公司简介	新闻动态	业务产品	车辆路线	联系方式	荣誉资质	企业文化
河北5A	河北省物流产业集团有限公司	http://www.hebwl.cn/	√	√	√	√	√		√
	河北好望角物流发展有限公司	http://www.hbhwj56.com/	√	√	√	√	√	√	√
	开滦集团国际物流有限责任公司	http://www.kailuan.com.cn/	√	√	√	√	√	√	√
天津5A	天津中铁快运货运运输有限公司	http://www.sthk56.com/	√		√		√		
	安得物流	http://www.annto.com/	√	√	√		√		√
	天津远东陆海船务有限公司	http://www.fareastlandocean.com/	√	√			√		
	中外运物流	http://logistics.sinotrans.com/col/col1730/index.html	√	√	√	√	√	√	√
北京4A	中国物流公司北京物流中心	http://www.c56.cn/	√	√	√	√	√	√	√
	北京顺丰速运有限公司	http://www.sf-express.com/cn/sc/	√		√	√	√	√	√
	北京中远物流有限公司	http://www.cosco-logistics.bj.cn/		√	√		√	√	√
	中远国际航空货运代理有限公司	http://www.cosco-air.com.cn/	√	√	√		√	√	√
	京铁物流有限公司	http://www.jtbrl.com/	√	√	√		√		
河北4A	河北之江物流有限公司	http://www.hbzjwl.com/Html/main.asp	√		√	√	√		√
	承德市风驰物流有限公司	http://fcwl-cd.cn.gongchang.com/	√	√	√	√	√	√	
	秦皇岛中运物流有限公司	http://www.zhongyun56.com/	√	√	√	√	√	√	
	秦皇岛中首物流有限公司	http://www.zsl.com.cn/shouye.asp（母公司）	√	√	√		√	√	√
	秦皇岛动力设备物流有限责任公司	http://www.hpelc.com/	√	√			√	√	√

续表

区域等级	公司	网址	公司简介	新闻动态	业务产品	车辆路线	联系方式	荣誉资质	企业文化
河北 4A	万和国际物流有限公司	http://xiaoqianghy.chinatsi.com/info.aspx?l=1	√	√	√	√	√	√	
	保定保运物流有限公司	http://www.baoyunwuliu.com/honor/	√	√			√	√	
	安平县聚成国际物流有限公司	http://mtw356506.chinapyp.com/	√	√	√	√	√		
	河北冀铁集团公司	http://www.56products.com/site/index.asp?ID=26971	√	√	√		√		
	河北快运集团有限公司	http://www.hbexpress.cn/home.asp	√	√	√	√	√		√
	河北省邮政速递物流有限公司	http://www.ems.com.cn/（母公司）	√	√	√	√	√		√
	河北新武安钢铁集团物流有限公司	http://www.wagtwl.com/work6.htm	√	√	√	√	√		
	河北熙平物流股份有限公司	http://www.xpwlw.com/	√	√	√		√	√	
天津 4A	天津华宇物流货运运输公司	https://www.hoau.net/how/bse/index.action	√	√	√	√	√	√	√
北京 3A	北京海丰宝物流有限公司	http://www.hfb56.com.cn/map.asp	√	√	√	√			√
	德迅（中国）货运代理有限公司北京分公司	http://cn.kuehne-nagel.com/zh_cn/	√	√	√		√		√
	鸿讯物流有限公司	http://www.hongxun.net.cn	√	√	√		√	√	
	北京东方安通物流有限公司	http://www.dongfangantong.com	√	√	√	√	√	√	
	北京佳方物流有限公司	http://www.jf56.net/default.aspx	√	√	√		√		√
	北京春溢通物流有限公司	http://www.chunyitong.com	√	√	√		√		√

续表

区域等级	公司	网址	公司简介	新闻动态	业务产品	车辆路线	联系方式	荣誉资质	企业文化
北京3A	中国北京外轮代理有限公司	http://www.penavico.com.cn/penavico/	√	√	√	√	√		√
	北京中远劳捷斯物资有限公司	http://www.autotrans.com.cn	√	√	√		√	√	√
	北京国商物流有限公司	http://www.nbl56.com/index1.htm	√	√	√	√	√		√
	北京和众奥顺达物流有限公司	http://www.hzlogistics.com	√	√	√	√	√		
	北京京城工业物流有限公司	http://www.bj-gis.com	√	√	√		√	√	√
	北京泛太物流有限公司	http://www.tps-logistics.com/index.asp	√	√	√		√		√
	北京首发物流枢纽有限公司	http://www.cdl.net.cn	√	√	√	√	√		√
河北3A	河北省邮政速递物流有限公司廊坊市分公司	http://www.ems.com.cn/（母公司）	√	√	√	√	√		√
	河北省邮政速递物流有限公司唐山市分公司	http://www.ems.com.cn/（母公司）	√	√	√	√	√		√
	秦皇岛龙腾运输集团有限公司	http://qhdlt.com.cn/	√	√	√	√	√		√
	中国外运秦皇岛公司	http://qhd.sinotrans-csc.com/	√					√	√
	中国外运河北唐山公司	http://www.sinotrans-ts.com/index.php	√				√		√
	廊坊市东方华星化工有限公司	http://www.lfdonghuaxing.com/	√	√	√	√	√		√
	河北中恒泰达粮油贸易有限公司	http://www.xszhixin.com	√	√	√	√	√		√
	河北大华国际物流集团有限公司	http://www.dahuaguoji.cn	√	√	√	√	√		√
	石家庄盛福源商贸有限公司	http://www.sjzsfy.cn	√	√	√	√		√	√
	河北顺邦物流有限公司	http://www.hbsbjt.com/index/index.aspx	√	√	√	√	√		
	冀运集团股份有限公司	http://www.hbgk.com/index.asp	√		√		√		√
	河北润丰物流有限公司	http://www.hbrunfeng.com/Index.asp（母公司）	√	√	√		√		

续表

区域等级	公司	网址	公司简介	新闻动态	业务产品	车辆路线	联系方式	荣誉资质	企业文化
天津 3A	天津中铁快运运输物流公司	http://www.sthk56.com/	√		√		√		
	天津市顶力仓储货架制造有限公司	http://shuhuawang.diytrade.com/	√	√	√				
	天津市东丽区兴远配货中心	http://www.tjjiaxing56.com/html/index.asp	√	√	√				
北京 2A	北京二商集团有限责任公司西郊食品冷冻厂	http://www.xjldc.com/xjldd/top_utl.page_show?p_pk_no=51	√	√	√		√	√	√
	北京市东方友谊食品配送公司	http://www.effood.net	√	√	√		√		√
	北京京津港国际物流有限公司	http://www.56sino.com.cn/website/pages/website/index.mzk	√	√	√	√	√		√
	北京嘉里物流有限公司	http://www.kerrylogistics.com/sch/main/index.jsp?FromURL=web&langc=true	√	√	√		√	√	√
	北京大荣物流有限公司	http://www.darong56.cn/	√	√	√		√	√	√
河北 2A	张家口通泰物流中心有限公司	http://www.hbzyjt.com/xsgs/hywl/200812/163.html	√	√	√		√	√	√
	安平县现代物流有限责任公司	http://www.apwuliu.com	√	√	√		√	√	√
	沧州稳达供物流有限公司	http://www.wendagong.com	√	√	√	√	√	√	√
天津 1A	天津市利航物流有限公司	http://www.lihangwuliu.com/	√	√	√	√	√		

部分京津冀 A 级以上物流企业没有设立独立的网站，而是选择在第三方平台，如企业黄页展示企业相关信息（见表8-4）。

表8-4　京津冀地区中国家 A 级物流企业的信息平台情况

等级	北京	河北	天津
5A	远成集团有限公司北京仓储分公司 中铁联合物流股份有限公司 北京医药股份有限公司 北京京铁经贸发展中心	邯郸交通运输集团有限公司第一分公司 河北冀铁集团公司 冀中能源峰峰集团邯郸鼎峰物流有限公司	苏宁（天津）采购有限公司
4A	中铁联合物流股份有限公司 北京京铁实业开发总公司 北京宝龙物流有限责任公司	承德天运物流有限公司 河北尚锋物流有限公司 沧州运输集团有限公司亚飞汽车连锁店 河北邯钢附企巨恒物流有限公司	天津京铁实业发展中心
3A	万达杰诚国际物流（北京）有限公司 北京嘉和嘉事医药物流有限公司 北京西南物流中心有限公司 北京汇天力物流有限公司	秦皇岛日月星物流有限公司 石家庄远成物流有限公司 兴隆县汇丰物流配送有限公司	天津龙成物流有限公司
2A	—	黄骅市运输总公司	—
1A	—	—	天津市伟运物流中心

综合来看，目前京津冀物流企业信息平台建设情况呈现如下特征：

（1）京津冀地区大部分物流企业意识到独立网站对物流企业的企业文化、新闻动态和联系方式等基本信息资料的宣传作用，建立了自己的网站（见图8-6），而在统计的104家A级物流企业中，有1/4左右的物流企业没有建立自己的网站，尽管个别企业选择将自己公司的信息资料直接交给第三方，但第三方网站无法发挥独立网站对公司信誉和企业文化的宣传作用，线上交易、客户服务等功能也难以实现。

（2）在有独立网站的物流企业中，有一部分企业网站推广工作效果不佳，尽管建立了自己的网站，但仍难以在各大搜索平台（如百度、360搜索、搜狗搜索等）检索到企业的独立网站，起不到建立站点的作用。

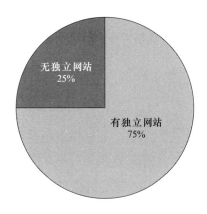

图 8-6 京津冀 A 级及以上物流企业信息平台建设情况

（3）一些评级较高的物流企业，如秦皇岛中首物流有限公司、河北省邮政速递物流有限公司等，其信息化建设仅依靠母公司网站进行宣传和展示，失去了独立性和信息完整性。

（4）在有独立网站的京津冀物流企业中，绝大多数企业对信息平台的建设以信息展示为主，在网站主要功能分析中，拥有线上交易模块（车辆、路线）和荣誉资质展示功能的网站只占调查总数的 57.69%（见图 8-7），由此可见，京津冀地区物流企业的信息平台建设功能不完全，还有提高的空间。

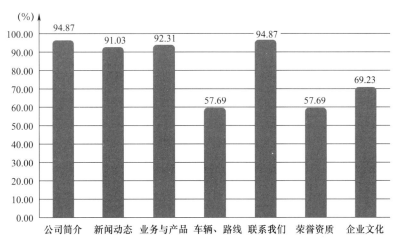

图 8-7 京津冀 A 级及以上物流企业网站提供功能的情况

（三）京津冀大型物流企业信息化建设现状

信息化是现代物流的基本特征，是现代物流发展的一种重要趋势。京津冀地区多数物流企业在信息化建设上都已起步，但总体水平还很低，程度参差不齐。相关调查结果显示，作为物流信息化进程核心的物流信息系统日益成为社会物流企业的发展瓶颈。京津冀地区只有少数物流供给企业拥有物流信息系统，绝大多数物流企业尚不具备运用现代信息的能力。在拥有信息系统的物流企业中，有关客户关系管理的信息系统应用较少，且仍有将近一半的企业没有自己独立的网站；大多数的信息数据系统都是孤立和静态的，信息共享程度低，信息系统中物流信息资源的集成和整合能力有待提高，信息系统整体规划能力不足，平台数据安全性存在隐患。

1. 信息系统应用现状

在信息化水平较高的京津冀大中型物流企业中，企业网站的功能仍然以企业形象宣传等基础应用为主，作为电子商务平台的比例相对较少，大约占16.67%。同时，已建成的信息化系统主要集中在仓储管理、财务管理、运输管理和订单管理等方面，而关系到物流企业生存发展的有关客户关系管理的应用所占比例却很小，大约是23.33%。

在京津冀大中型物流企业中，应用的物流信息系统主要包括库存管理系统（MaxTM）、仓库管理系统（WMS）、运输管理系统（TMS）、在途管理系统（LBS）、存储资源管理系统（SRM）、商贸分销系统（DCM）等。表8-5所示是京津冀地区几家大型物流企业的应用物流信息系统的情况，包括北京福田物流有限公司、北京四通纵横物流有限公司、北京长久物流股份有限公司、北京京粮物流有限公司、河北省物流产业集团有限公司、天津大田集团有限公司，其均为中国物流百强企业。

表 8-5　京津冀大型物流企业的信息系统应用状况（中国物流百强企业）

区域	企业	库存管理系统（MaxTM）	仓库管理系统（WMS）	运输管理系统（TMS）	在途管理系统（LBS）	存储资源管理系统（SRM）	商贸分销系统（DCM）
北京	北京福田物流有限公司		√	√		√	
	北京四通纵横物流有限公司		√				
	北京长久物流股份有限公司			√	√		
	北京京粮物流有限公司		√	√			√
河北	河北省物流产业集团有限公司	√					
天津	天津大田集团有限公司		√				

从表 8-5 可以看出，北京较天津、河北应用信息系统的情况较好，北京成功应用信息系统的大型物流企业较多，且应用信息系统数量较多。在成功应用的信息系统中，WMS、TMS 应用较多，WMS 满足仓储管理的全过程，实现与客户端的无缝衔接，TMS 为客户资产管理提供全过程的服务保障，应用有关客户关系管理的信息系统较少。

2. 信息共享程度状况

在拥有信息系统的京津冀物流企业中，大多数信息数据系统都是孤立和静态的，信息共享程度较低。物流服务链上成员间的信息不能共享，无法协同运行，制造企业、物流企业、货运代理企业、货物维修服务企业、海关、工商税务、检验检疫、政府、口岸管理部门及终端客户间系统相互独立，造成了网络资源及物流信息资源的浪费，影响了货物运输的效率和效益，导致整个物流服务链的运作效率低下。

例如，天津中铁快运运输货运公司位于天津市河东区，提供航空货运代理产品服务，现已在全国范围内建成集公路、铁路、航空等多种运力于一体的全国性物流网络。该公司与很多国际知名物流企业建立了业务合作的关系，国际业务网络覆盖世界 200 多个国家和地区。该公司虽然已经建立起自己的网站，但网站所提供的信息极少（见图 8-8），公司业务和企业产品等基本信息在网站上均未显示，信息共享程度低。

图 8-8　天津中铁快运运输货运公司网站

3. 整体规划有待提高

京津冀大中型物流企业基本建立了自己的物流信息系统，然而缺乏覆盖整个企业的全面、集成的信息系统，未能实现企业中仓储、运输等物流信息系统的整合使用，信息化整体规划能力较低，对信息化的理解不深。企业对自身的信息化未来发展缺乏规划，缺乏覆盖整个企业的全面、集成的信息系统，真正去搞信息化整体规划的企业寥寥无几。

北京福田智科物流有限公司是于 2002 年 5 月成立的有限责任公司，注册资本为 8000 万元，年营业额近 20 亿元，运营网络遍布全国。该公司通过了国际质量管理体系 ISO90001 认证，并先后入选"中国汽车物流行业十大影响力品牌"，连续 6 年蝉联"全国先进物流企业""中国物流百强企业"称号。2014 年，公司荣升国家"5A 级综合服务型物流企业"。

福田物流依托 CMMP、WMS、SRM 等信息系统，实现了生产订单信息、供应商供货信息及生产配送信息获取的精确化，有效保证了物流作业的成本与效率。公司信息系统建设快速发展，以业务流程为主线，充分运用现代物流技术、信息化技术等，搭建了业务操作系统，如运输管理系统（TMS）（见图 8-9）、车辆定位系统（GPS）、仓储管理系统（WMS）、普货运输管理系统（SOMS）、呼叫中心等；辅助管理系统，如财务管理系统、人力资源管理系统、办公自动化系统（OA），为业务的运作和管控提供了强有力的管理保障和决策支持。

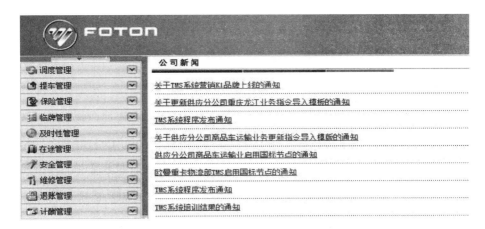

图 8-9　北京福田智科物流有限公司 TMS 系统

该公司意识到自身缺乏办公系统与业务系统集成的信息系统，未能实现公司内部信息流、物流、资金流的完美协调。该公司下一步将着力于整合各种信息化手段和资源，借助网络技术的发展，将办公系统、业务系统等管理系统集成起来，实现信息流、物流、资金流的完美协调。

（四）京津冀中小企业物流信息化建设现状

京津冀地区中小物流企业占比高达 90% 以上，主要由传统的运输、仓储和贸易企业转变而来，大部分物流企业信息化程度很低，信息平台建设落后、规模较小。物流信息化建设首先要利用先进的信息技术保证数据信息的采集和交换以实现企业内部业务流程的低成本、高效率、标准化；其次要利用丰富的信息平台保证与客户信息系统对接，形成便捷高效的信息化供应链；最后要利用完善的物流信息系统实现决策制定、整合资源和优化。中小型物流企业的信息化尚处于起步阶段，已建信息系统的功能以财务管理为主，还包括仓储、运输和订单管理，缺乏自主研发的物流信息平台和物流信息化发展战略，而且基础信息和公共服务的平台发展缓慢，信息化程度远远低于发达国家物流企业。京津冀中小企业物流信息化建设存在很多不足，主要表现在以下三个方面：

1. 缺乏先进信息技术

物流信息化建设方面先进的信息技术，如条码技术、RFID、GPS/GIS 和 EDI 技术等在国外物流企业已经得到了广泛的应用，然而京津冀地区大多数中小物流企业依然习惯使用手工操作进行物流业务操作和管理，先进的信息技术应用较少[①]。人工操作模式不仅工作效率、准确率低，管理难度大，而且随着物流企业人工成本的快速上涨，物流企业成本压力越来越大。在当前京津冀一体化的背景下，京津冀物流企业蓬勃发展，但在国内外大型物流企业和同类型物流企业蓬勃发展的大背景下，中小型物流企业的信息化发展滞后成为企业发展的瓶颈。

2. 信息平台建设单一

部分中小型企业为了适应信息化需要，满足客户需求而制作了企业网站，但大多数企业的网站形式简单、内容单一，物流公司网站多用于企业宣传，其次是信息服务和内部通信，网站更新速度慢，甚至不更新，对于企业业务系统应用和电子商务功能涉及较少，无法满足客户的需求。

3. 信息系统功能不全

通过使用计算机、通信和网络技术建立物流信息化系统，能够有效提高数据信息的传递速度，解决人工操作时无法避免的错误率问题，减少物流成本，提高物流企业运营效率，有效追踪货物信息，因此物流信息平台建设对中小型物流企业愈发重要和紧迫。京津冀中小型物流企业对物流信息系统的应用较少，如企业物流信息系统、第三方物流信息系统、回收物流管理系统、生产物流管理系统、库存物流管理系统、物流仓储信息系统、物流配送信息系统等，在京津冀经济区中，众多中小物流企业中应用较少甚

---

① 李元爱. 我国中小物流企业信息化的需求与发展对策 [J]. 物流工程与管理，2015，37（1）：70-72.

至不应用。部分企业内部的信息平台则局限于财务管理方面，较少涉及物流运营。

以北京京远达物流有限公司（Beijing Jingyuanda Logistics.co.，Ltd）为例，它是经北京市交通运输管理局审批的特许经营公路的专线物流公司，公司自成立以来始终坚持规范化管理和人性化服务的宗旨，以诚信、务实、稳健的经营作风，时刻履行自己的承诺，为扩大发展企业规模奠定了坚实的基础。通过不断努力已建立起完整的管理机构和服务体系，并以"优质、安全、高效"的服务使公司迅速被社会各界广泛认可，历经十几年风雨，现已奋斗发展成为一家拥有数辆 10T、8T、5T、12m、10m、9.6m、7.2m 大型运输车和市内小型提货车的现代物流企业。

北京京远达物流有限公司注册资本为 50 万元，业务覆盖西南、华南、华中、华东、东北等地区的大中城市，业务范围涉及全国 30 多个省会城市，现已形成集公路运输、航空货运、仓储理货、包装加工于一体的第三方物流企业。

北京京远达物流拥有一批年轻、充满朝气与活力的精通信息化管理的员工队伍。十余年来，他们为打造"年轻化、信息化、品牌化的"物流服务提供了智力支持。公司一直以科学的管理、专业的规范化服务、合理的运输价位、良好的企业信誉活跃于我国物流行业之林。承揽全国公路货物运输、航空货物运输，借助于强大的信息服务平台和网络优势，在上海、广州、成都及其他全国省会城市以及环渤海地区、长三角地区、珠三角地区分别建立了分公司和办事处。迅速搭建起了一、二级城市货物运输市场，实现了全国城市之间纵横交错、真正立体化货物快运，可为客户提供直接的门到站、门到门配送业务。

其信息化进展具体包括以下方面：

（1）率先在行业中通过了 ISO9001：2000 质量管理体系。

（2）分别为客户建立了档案，开通了 4008 免费电话和接受客户电话来访、业务咨询、跟踪回访，接受客户反馈的意见和建议。

（3）引入计算机管理和自动化库存管理等系统（见图8-10）。现拥有客户数量达2000多家，签订长期合作协议的客户500余家。

图8-10　北京京远达物流有限公司运单查询系统

（4）北京京远达物流有限公司没有自己的网站，而是选择挂靠在其他物流信息平台网站上，如中国产品网（http://www.pe168.com）等，客户和来访者可以通过京远达物流运单跟踪查询系统（http://www.jingyuanda56.com）输入单号验证码进行订单查询，并且可以对咨询结果提出异议、建议或意见。

（五）京津冀物流企业信息化建设成果

京津冀物流信息化实现对商品的全程监控和追踪，能够大幅增加京津冀物流企业的响应能力，提高顾客的满意程度，对京津冀物流行业的发展有着促进作用。京津冀物流信息化处在迅速发展的过程中，企业的信息化建设能够保证企业的供货速度和服务品质，提高京津冀物流企业的核心竞争力。除此之外，物流信息化能有效促进我国物流标准化，建立企业间统一的信息标准。2014 年，为进一步促进京津冀物流信息化发展，商务部、财政部、国家标准委三部门选择了北京作为试点进行先行探索，并紧接着在天津、石家庄、唐山进行试验，在京津冀经济区内，将三地物流信息互联互通，结成工作联盟，引导京津冀地区供应链上下游各个企业互通有无，形成标准，促进物流信息化进程，提高京津冀地区物流信息化水平，实现物流信息设备、技术、共享规范和诚信体系互认。

在京津冀物流一体化建设中，要制定作为现代物流突出特征的物流信息化标准并形成全国以及和国际接轨的体系，推动物流业的发展，其中信息化被放在了重要的位置。具体的做法包括两点：一是增加线上交易。通过在京津冀共同配送服务物流信息网络化，避免了过去繁复多余的环节，使京津冀物流企业在一体化的趋势下，可以真正做到实时监控，即流程可视化；全程追溯货品，即有据有凭。二是补充线下交易。为客户提供包括服务咨询、注册用户、查询信息、业务办理、投诉建议、满意度调查等常规服务，建立高效实用的一体化物流服务系统，为京津冀物流一体化更好更快地发展提供信息支撑。

三、京津冀物流园区信息平台建设状况

政府一直重视并支持物流园区发展。2013 年 9 月，国家发展改革委等 12 个部门出台了我国第一个物流园区专项规划——《全国物流园区发展规划》；2014 年 9 月，国务院发布《物流业发展中长期规划》，把"物流园区工程"列入 12 项重点工程；2015 年 5 月，国家发展改革委、国土资源部、住房和城乡建设部联合发布《关于开展物流园区示范工作的通知》。

基于互联网的新兴技术广泛应用，推动物流园区转型升级。一些物流园

区开发数字化管理系统，利用计算机、网络、通信、人工智能等技术，对运营、管理和服务过程进行量化管理，提升管理服务水平。一些园区运用云计算、物联网、GPS、通信网络技术等手段打造综合物流枢纽公共信息平台，解决信息不对称问题。信息平台型企业与物流园区所有方合作，推进"天网"与"地网"对接。园区与园区之间互联互通，向自动化、信息化、透明化和智能化方向发展。

（一）京津冀物流园区发展现状

2015 年，中国物流与采购联合会组织开展的第四次全国物流园区（基地）调查中得出，全国物流园区数量稳步增加，区域分布趋于均衡。据统计，京津冀三地大中型规模的物流园区共 43 家，分布情况受到区域的经济发展水平和人口密度的影响，同时也受到不同地域条件、面积等因素影响。经济发展水平越高，人口密度越大，地域面积越大，所需的物流园区也就越多。北京区域的物流园区数量占京津冀总体数量的 21%，天津占 30%，河北占 49%。京津冀一体化的提出对物流园区的规划和建设起到了促进作用。北京、天津、河北三个地区的物流园区数量比率如图 8-11 所示。

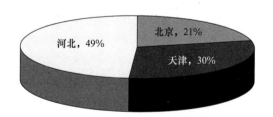

图 8-11　京津冀三地物流园区数量

物流园区是指在物流作业集中的地区，在几种运输方式衔接地，将多种物流设施和不同类型的物流企业在空间上集中布局的场所，也是一个有一定规模的和具有多种服务功能的物流企业的集结点。物流园区通常具有八项功能：综合功能、集约功能、信息交易功能、集中仓储功能、配送加工功能、多式联运功能、辅助服务功能、停车场功能。物流园区公共信息平台能够将物流园区的各项功能串联起来，形成一个完整的流程。物流园区信息化建设犹如黏合剂将各个功能板块粘贴到一起，因此物流园区的现代化发展需要信息化的支撑，物流园区信息化水平的不断提高，可以更好地为客户和合作企业提供资源信息，加快园区内物流企业的工作流程，提高整个物流作业效率。[①]

（二）京津冀物流园区信息平台发展现状

1. 物流园区信息平台的概念

物流园区信息平台是指利用信息平台对物流园区内物流作业、物流过程和物流管理的相关信息进行采集、分类、筛选、储存、分析、评价、反馈、发布、管理和控制的通用信息交换平台，是使中小物流企业实现企业物流信息化的最优途径，企业只需接入物流信息平台，就可以实现企业之间、企业与客户之间的物流信息共享，其主要的表现形式是物流园区门户网站的建设。物流园区可以看成是一个系统，各物流企业就是一个个子系统，连接着这些系统各个层次和各个方面的就是物流园区信息平台，其目的就是实现不同物流企业之间的数据交换和信息共享，实现物流作业的协同作业。[②]

物流园区综合信息化系统建设的总体目标是形成以"安全、绿色、高效、智能"为现代物流特征的，技术架构符合"全面感知、互联互通、智能处理"三层物联网特征的运行管理系统。

物流园区综合信息化系统的建设有利于园区内企业之间的高效合作，

---

① 刘兴景，戴禾，杨东援. 物流信息平台发展规划框架分析［J］. 物流技术，2001（1）：16–18.

② 郭玉杰. 基于中原经济区发展的物流园区建设研究［J］. 企业科技与发展，2014（2）：12–13.

在企业内部也有利于物流作业各个环节的高效运转；有利于物流园区安防信息、资产设备信息、车辆信息、人员信息、环境参数等的全面掌握、智能预警和敏捷控制；有利于构建绿色物流园区，走资源节约型环境友好型发展道路；有利于大力推进互联网、移动网、物联网"三网"融合，打造资源配置最优、作业效率最高、安全可靠、便捷的现代智慧物流园区（见图 8-12）。

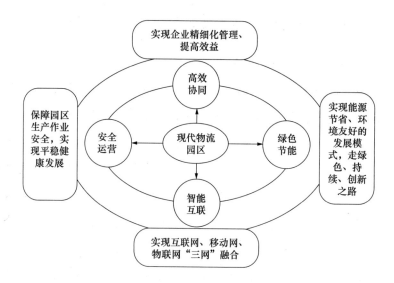

图 8-12　物流园区信息化总体规划

物流不仅运输物品，同时也在传递信息。物流信息是物流活动中各个环节生成的信息，一般是随着从生产到消费的物流活动而产生的信息流，与物流过程中的运输、保管、装卸、包装等各种职能有机结合在一起。信息是事物内容、形式及其发展变化的反映。物流信息和运输、仓储等各个环节关系密切，起着相当于人大脑神经中枢的作用。

2. 京津冀物流园区信息平台发展现状

物流园区信息平台是利用信息技术整合物流园区内部的业务流程，构建促进高新技术产业带发展的现代物流支撑信息系统，构筑物流信息平台、现代化全程电子物流网络等，使物流园区向着规模经营、网络化运作的方向发展，从而大大提高物流运作效率。物流园区公共信息平台投入大小和物流园区网站运营效率关系到物流园区信息服务水平的高低。表8-6统计了京津冀大中型物流园区自建网站的搭建情况，统计得出43家物流园区中只有11家有独立的网站，其中北京3家、天津2家、河北6家。

表8-6 京津冀物流园区自建网站统计

地区	物流园区	网站域名
北京	北京空港物流基地	无独立网站
	北京五环金州物流园	www.5jinzhou.com
	京南物流基地	www.jnwljd.com
	良乡物流基地	无独立网站
	平谷马坊物流基地	www.bjmfwl.gov.cn
	通州马驹桥物流基地	无独立网站
	西南恒源物流园	无独立网站
	延庆京西北大型综合物流区	无独立网站
	北京达兴国际物流园	无独立网站
天津	北辰钢铁物流园	无独立网站
	大港煤炭物流园区	无独立网站
	天津市物流货运中心	无独立网站
	军粮城散货物流园	无独立网站
	泰达普洛斯国际保税物流园	无独立网站
	天津保税物流园区	无独立网站
	天津港集装箱物流中心	无独立网站
	天津港散货物流中心	无独立网站
	天津国际金属物流园	wwww.865607.com
	天津空港国际物流园区	www.kggjwlglj.tjftz.gov.cn
	天津邮政物流中心	无独立网站
	中国北方水产品国际物流中心	无独立网站
	天津市南方物流园	无独立网站

续表

地区	物流园区	网站域名
河北	熙平物流基地	无独立网站
	正定国际物流园	无独立网站
	秦皇岛临港物流园区	无独立网站
	河北冀中能源国际物流集团新铁物流园	www.jznygjwl.com.cn
	河北迁安北方钢铁物流产业聚集区	www.qabfwl.gov.cn
	河北秦皇岛临港物流园区	无独立网站
	河北省安平县聚成国际物流园区	无独立网站
	河北武安保税物流中心	www.wagtwl.com
	河北省唐山市丰润区北方现代物流城	无独立网站
	河北正定商贸物流产业聚集区	无独立网站
	霸州市胜芳国际物流园区	无独立网站
	承德三岔口钢材综合物流区	无独立网站
	唐山海港物流产业聚集区	www.tshgwl.com
	沧州渤海新区物流产业聚集区	无独立网站
	邢台好望角物流园区	无独立网站
	永清铁海物流产业聚集区	无独立网站
	保龙仓大河物流园	www.baolongcang.com
	保定白沟新城省级物流聚集区	www.tdwly.com
	肃宁县物流产业聚集区	无独立网站
	石家庄河北润丰物流中心	无独立网站
	邯郸新兴国际商贸物流中心	无独立网站

据调查统计，我国65%的物流园区具有独立的门户网站，而京津冀仅有26%的物流园区具有独立网站，低于全国水平（见图8-13）。京津冀的物流园区对自身网站建设的重视程度有待提高。

中国物流与采购联合会发布的《物流园区运营统计分析报告（2015）》中的问卷调查数据显示（见图8-14），至2015年华北物流园区信息系统的开发方式仍然以委托定制开发为主，占调查数量的53%，与2012年相比有

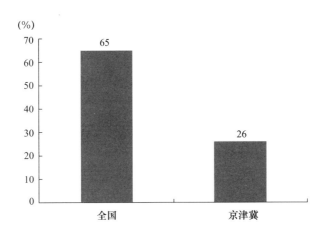

图8-13　京津冀地区物流园区自建网站率与全国水平对比

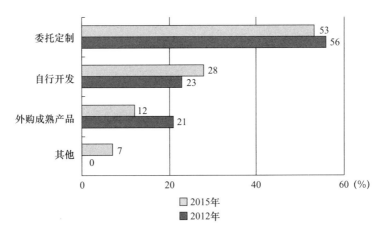

图8-14　华北物流园区系统开发方式

所下降；但是物流园区自行开发信息系统的占比有所上升，同时外购成熟产品的比例明显下降。这些都表明，物流园区能够根据自身业务模式和特点开发适合自己的信息系统。①

随着移动互联网的迅速发展，物流园区信息化发展呈现新的特点。以"卡行天下"为代表的虚拟平台发展迅速。这类平台融入第四方物流的概

① 何黎明. 物流园区发展的新趋势与新对策［J］. 中国物流与采购，2015（16）：32–33.

念，通过服务模式创新，将信息流、货物流、资金流在同一平台上实现整合，提升了物流资源的使用效率。随着运作的不断深入，这类虚拟平台迅速落地，与物流园区实体平台的合作正在逐步展开，不仅提升了物流园区平台的信息服务能力，也进一步促进了物流园区的网络化发展。

物流园区信息平台主要有两大功能：基本功能和扩展功能（见表8-7）。

表8-7　物流园区信息平台功能

基本功能	数据交换功能	平台核心功能，主要指电子单证的翻译、转换和通信，包括网上报关、报检、许可证申请、结算、缴（退）税和多边商务信息交换
	信息发布功能	以WED站点的形式发布平台基本信息、行业信息、园区信息、教育咨询培训信息和各种运输信息
	会员服务功能	包括会员单证管理、会员的货物状态和位置跟踪、交易跟踪、交易统计、会员资信评估等
	在线交易功能	主要包括在线接受订货、发货业务、在线记录物流信息、记录订货信息
	系统管理功能	规定、控制用户访问和使用信息的权限，维护整个系统的正常运行，保证数据安全
扩展功能	智能配送功能	利用园区的运输资源、商家的供货信息和消费者的购物信息进行最优化配送，使配送成本最低，在用户要求的时间内将货物送达
	货物跟踪功能	采用GPS和GIS系统跟踪货物的状态和位置
	库存智能管理	在满足客户服务的条件下库存达到最低；根据订货进行预测管理；根据发货进行实际库存管理
	决策分析功能	为物流各项活动提供科学可靠的决策依据
	金融服务功能	提供交付物流费、保险、银行、税务、外汇等金融服务；保存大批定期订货信息、联机通信信息、银行进款信息

京津冀三地的物流园区自建的门户网站中所具有的功能参差不齐，有的物流园区网站具有的功能比较齐全，而有的物流园区门户网站实现的功能则较少。对京津冀地区物流园区自建网站功能进行汇总，并按照基本功能和扩展功能进行归类，如表8-8所示。

表 8-8　京津冀地区物流园区自建网站功能汇总

物流园区	基本功能					扩展功能				
	数据交换功能	信息发布功能	会员服务功能	在线交易功能	系统管理功能	智能配送功能	货物跟踪功能	库存智能管理	决策分析功能	金融服务功能
北京平谷马坊物流基地	√	√								
北京五环金州物流园		√								
京南物流基地		√								
天津国际金属物流园	√	√	√	√	√				√	√
天津空港国际物流园区		√								
河北冀中能源国际物流集团新铁物流园		√		√	√					
保定白沟物流聚集区		√								
河北武安保税物流中心	√	√	√	√	√	√	√			√
唐山海港物流产业聚集区	√	√	√		√					
保龙仓大河物流园		√	√	√			√	√		
河北迁安北方钢铁物流产业聚集区	√	√	√		√					√

　　下面通过具体实例说明，京津冀三地物流园区门户网站的建设有待进一步完善。从北京市平谷马坊物流基地门户网站页面中能看出该物流园区门户网站能提供的功能有园区新闻、信息通告、招商引资、服务企业、电子宣传册、在线互动、检验检疫和海关。根据物流园区信息平台功能划分的模块，对北京市平谷马坊物流基地门户网站所具有的功能进行划分，具体内容

如表 8-8 所示。由此可见，北京市平谷马坊物流基地门户网站建设还不完善，基本功能只实现了数据交换（报关、报检）和信息发布。

天津国际金属物流园区门户网站页面中信息化的园区选项中介绍了园区的多个信息平台，包括电子商务化物流平台实现在线交易的功能、电子商务化信息平台实现信息发布功能，电子商务化金融平台实现金融功能、园区多功能网站实现会员功能、园区办公 OA 系统实现系统管理功能，以及在项目内容选项下的"初步效益分析"实现决策分析功能。

迁安市北方钢铁物流产业集聚区门户网站页面包括信息发布功能、与相关部门的数据交换功能、物流园区内部的系统管理功能，以及金融服务功能。

图 8-15 是京津冀物流园区信息平台功能的实际的统计情况。从图中可以发现，京津冀物流园区的信息平台功能建设是不完善的，在各项功能中除了信息发布服务功能都具备，其他功能都存在不同程度的缺失。同时显示出，京津冀物流园区信息平台功能建设还主要停留在基础功能的建设阶段，缺乏扩展功能的建设。

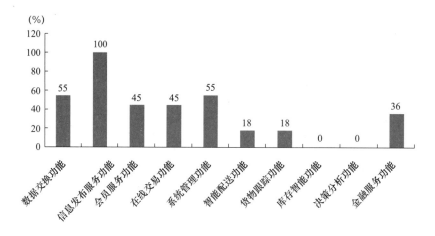

图 8-15　京津冀物流园区信息平台功能统计

第九章

京津冀物流信息一体化
水平测度与建议

一、京津冀物流信息一体化水平测度体系

京津冀物流信息一体化水平包括物流管理部门信息化水平和物流活动参与部门一体化水平。京津冀物流信息一体化发展水平测度体系包括三级指标体系：一级指标体系包括两个，分别是物流管理者信息一体化水平和物流活动部门信息一体化发展水平；二级指标包括五个，分别是政府信息一体化水平、行会信息一体化水平、口岸信息一体化水平、企业信息一体化水平和园区信息一体化水平；三级指标包括 12 个（见表 9-1）。

表 9-1　物流设施一体化测度指标体系

一级指标	二级指标	三级指标
物流管理者	政府	服务覆盖范围
		海关业务覆盖率
		码头作业覆盖率
		承运人业务覆盖率
		结算业务覆盖率
	行会	信息公众化率
		信息畅通度
		信息监管程度
物流活动部门	口岸	功能覆盖率
	企业	企业基本信息获取率
	园区	物流园区基本功能实现率
		物流园区拓展功能实现率

（一）物流管理者信息一体化指标解释

（1）服务覆盖范围。服务覆盖范围是指物流公共信息平台在贸易管理机构、供应商/采购商、码头、承运人、货代、进/出口商、金融机构这些功能上覆盖的程度。

（2）海关业务覆盖率。海关业务覆盖率是指物流公共信息平台在进出口电子报关清单、转口电子报关清单、船只电子清单、邮政电子清单、危险品电子申报、危险品监控、清关状态追踪这些业务上的覆盖程度。

（3）码头作业覆盖率。码头作业覆盖率是物流公共信息平台在码头运作资源配置及优化、在线预订码头服务、货柜编号确认、货柜码头与轮班整合、货柜码头与火车运输整合、货柜码头与内河运输整合、货柜码头与空运整合、货柜码头与仓库整合、货柜位置跟踪、在线船期信息发布这些方面的覆盖程度。

（4）承运人业务覆盖率。承运人业务覆盖率是指物流公共信息平台在电子船运订单、电子提单、在线发布船期、空柜管理、仓位管理、船运状态追踪、货代运作、电子船运订单、船运状态追踪、仓库管理这些业务上的覆盖程度。

（5）结算业务覆盖率。结算业务覆盖率是指物流公共信息平台在电子结算、电子结算账单、仓库管理方面的覆盖程度。

（6）信息公众化率。信息公众化率是指物流行业协会公共信息平台开通微信和官方微博、移动信息平台的比率。

（7）信息畅通度。信息畅通度是指物流行业协会公共信息平台的各种物流活动数据标准化程度以及满足不同物流行业的信息需求和功能需求的程度。

（8）信息监管程度。信息监管程度指物流行业协会公共信息平台对物流信息的监管力度，以及对风险的控制能力。

（二）物流部门活动者信息一体化指标解释

（1）功能覆盖率。功能覆盖率是指电子口岸在以下九种常用功能上的覆盖程度：新闻动态、通知公告、办公指南、口岸知识宣传、资料下载、常用链接、企业黄页、政务公开服务、办事执法系统。

（2）企业基本信息获取率。企业基本信息获取率是指获取物流企业的公司简介、新闻动态、业务产品、车辆路线、联系方式、荣誉资质和企业文化七个基本信息难易程度。

（3）物流园区基本功能实现率。物流园区基本功能实现率是指物流园区信息平台在数据交换功能、信息发布功能、会员服务功能、在线交易功能、系统管理功能五个基本功能上的实现程度。

（4）物流园区扩展功能实现率。物流园区扩展功能实现率是指物流园区信息平台在智能配送功能、货物跟踪功能、库存智能管理、决策分析功能、金融服务功能五个扩展功能上的实现程度。

二、构建京津冀物流信息一体化评价权重

本书利用云模型构建京津冀物流信息一体化评价权重，选择云模型的原因在第五章已经做过详细介绍，在此不再重述。权重计算步骤如下：

（一）构建京津冀物流信息一体化评价指标集

京津冀物流信息一体化评价指标集包括三级：一级指标包括2个，二级指标包括5个，三级指标包括12个，具体见表9–2。指标集记为：$U=\{U_1, U_2, \cdots, U_n\}$，其中 U_i（$i \in [1, n]$）是 U 中第一层的指标；$U_i=\{U_{i1}, U_{i2}, \cdots, U_{ij}\}$ 是 U 中第二层子指标 U_{ij} 的指标集；$U_{ij}=\{U_{ij1}, U_{ij2}, \cdots, U_{ijn}\}$ 是 U 中第三层子指标 U_{ijk} 的指标集。

表 9-2　物流设施一体化测度指标体系

一级指标	二级指标	三级指标
物流管理者 U_1	政府 U_{11}	服务覆盖范围 U_{111}
		海关业务覆盖率 U_{112}
		码头作业覆盖率 U_{113}
		承运人业务覆盖率 U_{114}
		结算业务覆盖率 U_{115}
	行会 U_{12}	信息公众化率 U_{121}
		信息畅通度 U_{122}
		信息监管程度 U_{123}
物流活动部门 U_2	口岸 U_{21}	功能覆盖率 U_{211}
	企业 U_{22}	企业基本信息获取率 U_{221}
	园区 U_{23}	物流园区基本功能实现率 U_{231}
		物流园区拓展功能实现率 U_{232}

（二）生成权重评语集云模型

根据物流领域专家对京津冀物流信息一体化因素影响强度定性语言的描述，将权重等级范围分为五个等级，指标权重大小描述为自然语言，即"不重要""次重要""一般重要""较重要""非常重要"，等级越高说明该因素影响强度越强。五个定性评语组成的权重评语集为：V={ 不重要、次重要、一般重要、较重要、非常重要 }，利用云模型可以将五个等级的概念均等映射到 [0，1] 区间[①]，如表 9-3 所示。

表 9-3　权重等级数值范围及定性语言描述

权重范围	0~0.2	0.2~0.4	0.4~0.6	0.6~0.8	0.8~1
强度等级	一级	二级	三级	四级	五级
语言描述	不重要	次重要	一般重要	较重要	非常重要
期望值	0	0.3	0.5	0.7	1
熵	0.017	0.033	0.033	0.033	0.017
超熵	0.005	0.005	0.005	0.005	0.005

---

① 王明舒，朱明. 利用云模型评价开发区的土地集约利用状况 [J]. 农业工程学报，2012（10）：247-252.

（三）生成指标权重云模型

选择物流领域的专家，经过三轮打分使 12 个末级指标的含混度都落入区间［0.2，0.3714］，表示专家对 12 个指标权重结果看法比较一致，形成了较成熟的概念。根据父云的理论，在末级指标云模型的基础上生成二级指标和三级指标云模型，结果如表 9-4 所示。一级指标和二级指标的含混度均低于 0.3714，表示专家对这些指标权重的看法比较一致，形成了较成熟的概念；部分指标的含混度甚至低于 0.4，表示专家对这些指标权重的看法很一致，形成了成熟的概念。

表 9-4　指标体系云模型数字特征与含混度

一级指标			二级指标			三级指标		
名称	云模型	含混度	名称	云模型	含混度	名称	云模型	含混度
U_1	C（0.7035, 0.2869, 0.0035）	0.03643	U_{11}	C（0.7132, 0.1836, 0.0046）	0.075163	U_{111}	C（0.67, 0.0303, 0.0028）	0.277228
						U_{112}	C（0.782, 0.0432, 0.0053）	0.368056
						U_{113}	C（0.758, 0.043, 0.0051）	0.355814
						U_{114}	C（0.672, 0.0375, 0.0046）	0.368
						U_{115}	C（0.644, 0.0296, 0.0048）	0.486486
			U_{12}	C（0.6864, 0.1033, 0.0015）	0.043562	U_{121}	C（0.688, 0.0362, 0.0042）	0.348066
						U_{122}	C（0.6583, 0.0354, 0.0044）	0.372881
						U_{123}	C（0.716, 0.0317, 0.0052）	0.492114

续表

一级指标			二级指标			三级指标		
名称	云模型	含混度	名称	云模型	含混度	名称	云模型	含混度
U_2	C（0.6903, 0.1234, 0.0041）	0.1001	U_{21}	C（0.766, 0.0315, 0.0039）	0.371429	U_{211}	C（0.766, 0.0315, 0.0039）	0.371429
			U_{22}	C（0.636, 0.0345, 0.0041）	0.356522	U_{221}	C（0.636, 0.0345, 0.0041）	0.356522
			U_{23}	C（0.6813, 0.0574, 0.0042）	0.221825	U_{231}	C（0.638, 0.0298, 0.0041）	0.412752
						U_{232}	C（0.728, 0.0276, 0.0044）	0.478261

（四）获得指标定性与定量权重

对所有权重评价指标的云模型数字特征值 Ex 采用加权平均法更能合理、全面地反映指标的权重。对同级指标权重归一化处理得出指标体系的最终权重值，可以获得权重定量表示形式，结果如表9-5所示。通过云模型可以建立起定性与定量权重双向认知模式，实现二者的统一。

表9-5　指标体系定性与定性权重

一级指标			二级指标			三级指标		
名称	权重	重要性	名称	权重	重要性	名称	权重	重要性
U_1	0.5048	较重要	U_{11}	0.5096	较重要	U_{111}	0.1900	较重要
						U_{112}	0.2218	较重要
						U_{113}	0.2150	较重要
						U_{114}	0.1906	较重要
						U_{115}	0.1826	较重要
			U_{12}	0.4904	较重要	U_{121}	0.3336	较重要
						U_{122}	0.3192	较重要
						U_{123}	0.3472	较重要
U_2	0.4952	较重要	U_{21}	0.3677	较重要	U_{211}	0.5464	较重要
			U_{22}	0.3053	较重要	U_{221}	0.4536	较重要
			U_{23}	0.3270	较重要	U_{231}	0.4671	较重要
						U_{232}	0.5329	较重要

三、京津冀物流信息一体化水平测度结果

（一）物流信息一体化水平实现程度超六成

根据前面对物流管理者和物流活动部门信息平台的调查结果，计算得出的京津冀三地 12 个三级指标的结果如表 9-6 和表 9-7 所示。根据云模型的权重对各指标赋权重，最终得到京津冀物流信息一体化总水平实现度为 61.62%。

表 9-6　京津冀物流信息一体化评价指标体系及指标值　　单位：%

一级指标	二级指标	三级指标	北京	天津	河北
物流管理者	政府	服务覆盖范围	88.46	100.00	73.08
		海关业务覆盖率	71.43	85.71	100.00
		码头作业覆盖率	0.00	100.00	90.00
		承运人业务覆盖率	30.00	100.00	80.00
		结算业务覆盖率	100.00	100.00	100.00
	行会	信息公众化率	44.87	14.81	16.67
		信息畅通度	87.50	72.22	83.33
		信息监管程度	64.42	61.11	75.00
物流活动部门	口岸	功能覆盖率	88.89	77.78	55.56
	企业	企业基本信息获取率	76.32	57.41	83.87
	园区	物流园区基本功能实现率	26.67	60.00	70.00
		物流园区拓展功能实现率	0.00	20.00	23.33

表9-7　京津冀物流信息一体化实现程度　　　单位：%

信息一体化水平	北京	天津	河北	京津冀
总体	57.52	62.06	65.30	61.62
管理者	60.70	66.40	67.48	64.86
政府	57.98	97.14	88.62	81.25
行会	62.64	44.44	52.38	53.15
活动部门	42.76	51.23	62.52	52.17
口岸	88.89	77.78	55.56	74.07
企业	76.32	57.41	83.87	72.53
园区	13.33	40.00	46.67	33.33

（二）政府物流信息一体化最高

从构成主体上看，物流活动管理者信息一体化水平为64.86%，高于物流活动部门约12个百分点。在管理者中，政府部分物流信息一体化水平最高，为81.25%，比行业协会高出约28个百分点。在活动部门中，口岸的物流信息一体化水平最高，为74.07%，物流园区物流信息一体化水平最低，仅为33.33%。

（三）河北物流信息一体化水平高于北京和天津

北京、天津、河北物流信息一体化总水平实现度分别为57.52%、62.06%、65.30%。河北的物流信息一体化水平最高，北京最低，天津居中。其中，北京、天津、河北物流管理者信息一体化总水平实现度分别为60.70%、66.40%、67.48%；北京、天津、河北物流活动部门信息一体化总水平实现度分别为42.76%、51.23%、62.52%。

四、京津冀物流信息化建设的问题和建议

（一）物流公共信息平台建设存在的问题

1. 平台信息缺少诚信监督

物流公共信息平台的建立为物流企业、货运代理的发展提供了新的发展

机会，不过整体的社会诚信环境仍然有待改善，对于京津冀地区而言，这也是物流行业发展的客观制约因素。对于物流企业的客户群体来说，首先，客户群体有着自己固有的服务商，重新选择服务商不仅意味着时间成本，还必须承担相应的诚信风险。信息平台虽然给出了相关信息，但是信息的真伪并没有得到审核。其次，失效的信息是否及时得到清理也无法确认。最后，在平台上存在着许多没有资质或者传播虚假消息的承运者和代理商，货物一旦丢失或者损坏之后，平台又没有赔付责任，处于弱势地位的客户群体利益就得不到保障，增大了企业运营风险。平台虽然可以通过一些强制性的政策和措施来加强对物流企业的认证，但对于大量的货运司机及配送人员并不能做到完全覆盖，对于货物的监管也就做不到实时监控。在这样一个需要诚信的经营环境下，货主、承运人以及平台之间的责任也没有十分明确的划分，更加恶化了平台的运营环境。一个良好的运营环境需要货主、承运人和平台各方的共同努力，而不是仅仅建立一个平台。

2. 运营模式仍需创新

运营模式的本质是平台的盈利水平，只有探索平台如何有效盈利，物流公共信息平台才能长久运行。目前主要信息平台有两种主要运营模式：一种是由政府出资建设并运营，另一种是由政府支持与组织，由企业管理和运营。

第一种模式的难点在于政府如何让企业参与到平台的使用中来，目前普遍采取的方式是对企业免费，如果不免费，很难获得企业的参与，但免费又会使政府背上沉重的包袱，因为平台每年的运营管理费和平台的维护、建设投入需要大量的资金和人力成本。如果缺少专门的部门组织和管理平台，平台就很难运行下去。在京津冀地区，自2003年出现以政府为主体的物流信息平台以来，目前还没有长期成功运营的。第二种模式的物流公共信息平台目前数目较多，由政府引导，政府在建设期初投入部分启动资金，并能够为其提供公共服务及信息，并在政策和技术标准上给予扶持，企业进行具体的经营与管理。例如河北电子口岸、天津电子口岸与物流信息平台都属于第二种模式，它们目前积极拓展港口物流方向，扩大业务范围，可持续发展潜力明显。京津冀地区的各级政府对于物流公共信息平台的建设非常重视和支持，相关职能部门在相应的物流规划中也将物流信息平台的建设作为重点项目，但是物流信息平台怎么建、建什么、建成后怎么办等问题一直困扰着政府相关部门。政府不清楚自己在平台建设过程中是什么角色，是建设者、运营管理者还是监督者，同时也不清楚在这个过程中应深入参与到什么程度。

3. 自身定位问题

在京津冀地区，相对于电子商务而言，涌现了如淘宝、京东等一大批国际知名企业，物流企业也出现了繁荣的景象，如"三通一达"（中通、圆通、申通和韵达）以及顺丰的快速崛起，但是对于作为服务物流行业的物流公共信息平台，并没有一个可以称之为标杆的平台，这与实际的物流环境是不相适应的。究其原因，京津冀地区的大部分物流公共信息平台在规划初期就缺少明确的定位，缺少科学布局，盲目进行，行政指令过多，限制了平台的市场化反应，最后导致运行状况较差而放弃。定位不清、服务对象比较模糊，平台的针对性也就不强，平台将失去特色，很难做大做强。

首先，京津冀地区物流公共信息平台自身的定位问题贯穿平台运行的始终，不仅从整体上限制了平台的长足发展，还模糊了当前的服务对象，导致费时费力，效率低下。其次，由于该地区物流公共信息平台自身定位的失误，参与平台建设的各类物流企业所耗费的时间成本和信息资源得不到有效整合，政府的财政支出价值体现得也较低，平台的社会效益和经济效益得不到体现，某种程度上来说，这是资源的浪费。最后，平台的建立与运营没有创新性或者创新性不强，导致京津冀地区的大部分物流公共信息平台只是国外信息平台的简单模仿和重复。我们期待的是专业突出、职能高效、有效衔接物流公共信息平台。

物流公共信息平台与物流企业、顾客的关系应该是环环相扣的，形成倒逼机制，但是由于政务物流信息平台自身定位存在问题，另外两个环节也会出现停滞，影响整个环节的运行。[①]

（二）京津冀口岸信息化建设的不足及建议

1. 京津冀电子口岸信息化合作机制尚不健全

京津冀口岸群在信息化建设方面虽取得了一定的进展，但从全国来看明显滞后于长三角和珠三角地区，口岸间缺乏区域信息共享和协调机制，成为京津冀口岸间、口岸与腹地间跨区域合作的重要技术障碍。这首先表现在口岸企业的信息化程度普遍较低，建设重点仍集中在基础网络平台开发建设的阶段，GPS、EDI 等信息技术在部分口岸企业中还处于起步和学习阶段。其次是口岸物流信息标准化体系建设不完善。目前，京津冀各口岸之间以及口岸与相关管理机构之间还缺乏必要的公共物流信息网络交流平台。虽然各口岸都在致力于自身信息数据库的建设，但信息系统开放度不高。同时，在整个京津冀地区口岸物流领域还没有公共数据接口，开发软件系统缺乏统一标准而不具兼容性，使得口岸间信息无法实现有效共享。这些问题在一定程度上成为京津冀口岸间合作的瓶颈。

2. 推动京津冀口岸信息化协同发展的建议

一是要建立完善物流信息平台。信息化除了针对口岸内部，继续做好对生产和业务的技术支持外，还应为货主和船东提供高水平的信息化服务，提供口岸物流全过程动态信息服务，加强"一关三检"、海事、船代、银行等横向联系，推动网上报关检验、"船舶联合调度"和银企互联，做到资源共享，简化配合流程，方便客户，实现"大通关"。

二是要充分发挥标准化在口岸信息化管理中的基础性作用。建立与国家电子口岸平台相统一的信息化数据标准体系，加快电子数据交换标准化进程，促进各口岸管理标准化和规范化，实现信息的有效录入，使各口岸物流

---

① 杨翠.物流公共信息平台建设问题研究［J］.物流技术，2012（2）：135-137.

信息系统在编码、文件格式、数据接口、EDI 等方面实现标准化，消除不同口岸企业间信息沟通的障碍，推动京津冀口岸间的协同发展。

三是要提升口岸信息化应用水平。主要做法是以电子口岸平台门户网站为基础，不断完善平台基础设施建设，形成完善的技术架构、应用架构和数据架构，实现海关舱单、预配舱单等重要数据的对外交换。并在此基础上开展第四方物流平台建设，推动业务申报、作业监管、通关管理、政务公开等多方面的互联互通，最终实现包括通关政务、通关信息和口岸电子数据交换功能在内的口岸大通关信息平台建设的目标。

（三）物流行业协会信息平台建设的问题及对策

1. 物流行业协会信息平台建设的问题

物流行业协会信息平台建设的问题在于其信息化建设所需的保障制度尚未健全。目前，京津冀地区存在各式各样的物流行业协会，但是能真正发挥作用的、能对行业发展和地方经济发展出谋划策的、能真正让企业满意的协会非常少。

信息系统作为行业协会信息平台建设的基础部分，如果这一部分建设不好，很难发挥本职作用，企业和会员们很难得到有效服务。从对京津冀地区物流行业协会的调查中可以发现，单从网站建设平台一项来看，就有一些行业协会没有建成自己独立的网站，很难做到信息交流顺畅，没有很好地发挥网络平台作用。

信息化建设从规划到基础建设、人才培养、软件开发应用、数据库管理都需要一套行之有效的制度来规范和管理，从而保障计算机及网络的正常运行，保障电子业务的正常开展。[①]但目前这样的保障制度仍未健全。

2. 物流行业协会信息化建设相应的对策

首先，建设协会与成员企业的内部信息管理系统，建设协会的专用网

---

① 陈儒郁. 加强行业协会信息化建设的若干思考 [J]. 学会，2009（7）：48-49.

站，为企业提供有关企业发展的宏观环境信息、市场信息、技术信息、产品信息等，搭建为企业信息服务的平台。

其次，加强对外联系和交流，及时从政府、企业、各种民间组织获取有关经济发展、科技进步及行业协会运作经验的最新信息。

最后，根据协会运作模式，解决管理制度、保障制度落后的问题。信息化建设是一项涉及多学科、多部门，全社会共同参与的综合性和基础性的工作，行业协会应加强综合协调管理，使终端、网络、数据库既能产生出源、流、库各自的规模效益，又能发挥出完善服务的整体推动作用。要坚持法制的原则，健全制度，规范管理，依法推进；要坚持效能的原则，健全组织，强化责任，提高效率，创新机制。结合政府部门出台的新规定，物流行业协会也要对一些制度做出及时、准确的调节，建立健全保障制度，同时对会员企业的一些反馈要予以足够重视，做得不好的地方及时改进，使一切工作安定有序地进行。

（四）京津冀物流企业和物流园区信息化建设制约因素

当前，物流企业和物流园区的信息化建设主要受以下几点因素制约：

1. 物流信息标准化工作落后

对于京津冀物流企业来说，物流信息标准的不完善严重制约了京津冀物流一体化的发展。例如，从整个京津冀区域来说，目前并没有形成统一的公共数据接口的行业和国家编码标准，因而在实际运作过程中，信息与信息之间得不到有效传输，企业与企业之间数据交换困难，造成信息共享程度低，严重影响了京津冀跨区域物流效率，使京津冀物流信息化的价值无法得到应有的体现。从货品与包装方面来说，物流企业的基本设备没有统一的规范，物流包装标准与物流设施标准无法形成对接，物流产品编码不统一，不利于提高物流运输领域、仓储领域的机械自动化水平。[①] 物流园区作为诸多物流

---

① 徐婧. 我国物流企业实施信息化管理的对策研究［J］. 黑龙江生态工程职业学院学报，2015（4）：30-31.

企业聚集的平台，会产生大量的运营数据，需要全面搜集。如果物流信息数据不是标准、规范、统一的，势必加大数据交换的难度，降低物流信息平台的利用效率，造成资源浪费和信息失真，因此必须加快我国物流信息标准化的建设。

2. 中小企业成本控制

京津冀地区中小型物流企业信息化发展的制约很大一部分来源于成本控制。在现有的信息技术水平下和系统市场上，符合中小企业成本控制要求的物流信息化产品往往不成熟，功能不实用，而成熟的物流信息化产品伴随着购买、租赁费用高的问题，一直困扰着京津冀中小物流企业。中小物流企业由于自身的规模及业务范围限制，不可能拿出大量的资金用于信息化建设，更何况京津冀一体化进程刚刚起步，京津冀物流信息化建设在短期内难以得到实现。目前，市面上较为完善的物流信息系统软件大多数为大型物流企业所用，中小物流企业难以与物流软件开发商之间形成合作，不利于京津冀物流信息化建设的发展。

第十章

京津冀物流政策一体化水平测度研究

一、物流政策背景

2009 年，国务院出台的《物流业调整和振兴规划》提出要重点发展以北京和天津为中心的华北区域物流。2011 年，国务院出台的《京津都市圈区域规划》提出要重点发展京津区域的物流。2014 年 2 月 26 日，国家主席习近平同志在北京市主持召开座谈会，专题听取了京津协同发展工作汇报，强调实现京津冀协同发展是面向未来打造新的首都经济圈、推进区域发展体制机制创新的需要；是探索完善城市群布局和形态、为优化开发区域发展提供示范和样板的需要；是探索生态文明建设有效路径、促进人口经济资源环境相协调的需要；是实现京津冀优势互补、促进环渤海经济区发展、带动北方腹地发展的需要；是一个重大国家战略，要坚持优势互补、互利共赢、扎实推进，加快走出一条科学持续的协同发展道路。

2016 年初，京津冀地区出台商业贸易物流规划，先后将北京、天津、唐山与石家庄等城市列为试点城市，同时发布京津冀一体化物流发展报告，尝试整合物流信息平台，推动物流一体化发展；此外，还推出了《京津冀地区快递服务发展"十三五"规划》，不断加强对该地区物流快递行业的规范。

京津冀地区是我国重要经济发展区域，物流一体化的形成是推动经济发展、经济一体化的重要动力。京津冀地区的一省两市都比较注重物流产业的发展，北京、天津更是我国较早制定物流发展规划，并将其列为支柱产业发展的城市。河北省也制定和出台了自己的物流发展规划。近年来，京津冀地区虽然颁布诸多物流相关政策，以促进物流行业发展，但该地区的物流一体化进程仍然面临诸多问题。

李宁、张晨（2017）指出，京津冀地区拥有众多的城市以及下级部门，但物流的发展并没有统一的战略思想，各个地区和部门有着各自不同的体系和规划，还没有针对物流一体化制定的明确统一的政策体系。

物流标准化是物流发展的基础。高希波（2011）认为京津冀地区物流标准化有两方面的问题，一是基本设备没有统一的规范，同时物流包装标准与物流设施标准间也存在缺口；二是京津冀地区物流领域还没有具有公共数据接口的行业和国家编码标准，严重影响了货运效率。可见，物流标准的有效制定是推动物流一体化发展的必要武器。

二、现行物流标准的现状分析

政策上的建设是物流一体化建设中重要的环节，京津冀地区物流一体化的实质就是打破三地物流活动分割的局面，消除三地物流活动的政府阻隔，通过政策指导、整合规范、统筹安排、标准化物流活动，形成统一的、低成本的、高效率的物流活动。

近年来，随着京津冀物流一体化发展的需求增加，促进物流一体化方面的政策也越来越多，物流标准的制定是具有代表性的一类政策，物流标准的制定越完善，一体化的进程就越快。物流标准化的目的就是协调和理顺物流各分系统之间，以及物流系统与其他相关系统之间的关系，保障物流环节畅通，最终达到降低物流成本、提高经济效益、提高我国物流业国际竞争力的目标。

本书搜集了现行的国家行业物流标准和京津冀三地各自制定的物流标准，从物流内容和物流功能两个角度对收集到的物流标准进行了分析，统计计算出不同标准的占比情况，描述物流标准的现状。

物流标准的制定占比为：

$$R=\frac{n_i}{\sum n_i}$$

该占比越大，代表在这方面的标准制定越丰富，其中 i 为物流标准的分类数量。

（一）国家及行业物流标准

1. 物流标准内容

截至 2017 年 6 月，我国现行的物流标准共有 1013 项，按物流标准内容分为基础类标准、公共类标准、专业类标准和标准化工作指导性文件四类，分别有 59 项、421 项、494 项、39 项（见表 10-1）。

表 10-1　物流标准统计　　　　　　　　单位：项

基础类标准	公共类标准	专业类标准	标准化工作指导性文件
59	421	494	39

如表 10-1 所示，专业类标准数量最多，这也是物流标准中很重要的一部分，根据中国物流与采购联合会整理的物流专业类标准，将物流专业标准分为 15 类，分别为农副产品（食品）冷链物流标准、其他农副产品（食品）物流标准、汽车、医药、家电、煤炭、粮油、电子商务物流与快递、出版物、烟草、木材、进出口、化工和危险品、酒类、其他物流标准，具体数量和占比如表 10-2 所示。

表 10-2　物流专业标准

专业类标准类别	农副产品（食品）冷链物流标准	粮油物流标准	电子商务物流与快递标准	化工和危险品物流标准	进出口物流标准	烟草物流标准	其他物流标准
数量（项）	154	54	50	46	43	41	20
占比（%）	31.17	10.93	10.12	9.31	8.70	8.30	4.05

续表

专业类标准类别	汽车物流标准	木材物流标准	医药物流标准	出版物流标准	其他农副产品（食品）物流标准	酒类物流标准	煤炭物流标准	家电物流标准
数量（项）	18	14	13	13	12	9	5	2
占比（%）	3.64	2.83	2.63	2.63	2.43	1.82	1.01	0.40

由表 10-2 可见，农副产品（食品）冷链物流标准、粮油物流标准、电子商务物流与快递标准的制定占了总标准数量的一半以上，可见冷链物流方面受到了很高的重视，然而酒类、煤炭、家电方面的物流标准仅占了 3%，标准相对匮乏。

2. 物流功能标准

物流系统的功能要素指的是物流系统所具有的基本能力，这些基本能力有效地组合、联结在一起，便成了物流的总功能，便能合理、有效地实现物流系统的总目的。所以，物流活动的高效协调运行离不开物流各功能的有效运作，这也就需要物流功能标准发挥指导作用。

对现行的物流标准中有关物流功能的标准进行分类统计，物流功能的七大构成要素为物体的运输、信息服务、仓储、包装、装卸搬运、流通加工、配送，现在的物流功能标准有 692 项，具体情况如表 10-3 所示。

表 10-3　物流功能标准

物流功能	运输	信息服务	仓储	包装	装卸搬运	流通加工	配送
数量（项）	203	162	128	120	34	27	23
占比（%）	29.12	23.24	18.36	17.22	4.88	3.87	3.30

由表 10-3 可见，运输、信息服务、仓储、包装四项物流功能的标准数量较多，分别占 29.12%、23.24%、18.36%、17.22%，而装卸搬运、流通加工、配送三项占比之和仅为 12.05%，表明运输、信息服务、仓储、包装相较于其他三项物流功能的标准制定较完善；同时表明，国家、行业及部门应

加强对装卸搬运、流通加工、配送三项物流功能的重视。

（二）京津冀三地物流标准

在对现行的物流标准进行了整体的描述分析基础之上，接下来对收集到的京津冀三地制定的物流标准进行分析。京津冀三地制定的物流标准并不多，目前收集到的北京、天津、河北三地的物流标准的数量分别为 7 项、17 项、5 项（见表 10-4）。

表 10-4 京津冀三地物流功能标准 单位：项

地区	基础类标准	公共类标准	专业类标准	标准化工作指导性文件
北京	0	2	5	0
天津	1	10	6	0
河北	0	1	4	0

对京津冀三地制定的物流功能标准进行统计分析可以看出，京津冀三地物流标准的制定很少，物流的标准运行主要依靠国家及行业标准，基础类标准仅天津有一项，标准化工作指导性文件三地区现行标准均为 0 项。三地政府部门应提高重视，加快物流一体化方面标准制定的步伐，加强物流一体化的政策推动作用，促进京津冀物流一体化的发展。

京津冀三地物流标准制定的详细目录（见附录）在物流专业类的标准上涉及范围较狭窄，冷链、食品等方面的物流标准数量较多，其他方面的则较少。

三、京津冀物流政策一体化水平测度

（一）指标体系的构建

根据京津冀三地物流标准的制定情况，评价京津冀三地物流政策一体化的情况。在《物流标准化中长期发展规划（2015-2020 年）》中，标准制修订重点领域按照基础类、通用类、专业类进行了说明，所以本书根据物流标准的内容，从四个分类，即基础类标准、公共类标准、专业类标准、标准化工作指导性文件对京津冀三地的现行物流标准进行分类研究，并制定指标体系。本书设定基础类标准制定率、公共类标准制定率、专业类标准制定率、标准化工作指导性文件制定率四个指标（见图 10-1），对京津冀物流政策一体化进行测量，根据三地在这四方面物流标准的制定情况进行一体化的评价。

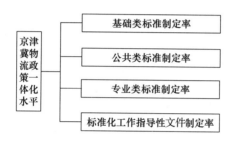

图 10-1　指标体系

考察北京、天津、河北三地制定的标准，涉及基础类、公共类、专业类、标准化工作指导性文件四类标准的记为 1，没涉及的为 0，记为 M_{ij}。

1. 基础类标准制定率

基础类标准是制定其他物流标准应遵循的、统一的标准，是制定物流标准必须遵循的技术基础与方法指南。将基础类标准在北京、天津、河北三地的制定情况表示为制定率，即：

$$L_1 = \frac{\sum M_{i1}}{3} \quad (1 < i < 3)$$

2. 公共类标准制定率

公共类标准指的是一些综合类标准、物流设施设备标准、物流技术、作业与管理标准、物流信息标准。将公共类标准在北京、天津、河北三地的制定情况表示为制定率，即：

$$L_2 = \frac{\sum M_{i2}}{3} \quad (1 < i < 3)$$

3. 专业类标准制定率

专业类标准是基于产品的物流标准，包含了食品、医药、汽车、家电、冷链等。将专业类标准在北京、天津、河北三地的制定情况表示为制定率，即：

$$L_3 = \frac{\sum M_{i3}}{3} \quad (1 < i < 3)$$

4. 标准化工作指导性文件制定率

标准化工作指导性文件是对标准化工的管理、规范和标准制定指南。将标准化工作指导性标准在北京、天津、河北三地的制定情况表示为制定率，即：

$$L_4 = \frac{\sum M_{i4}}{3} \quad (1 < i < 3)$$

考虑到物流标准的设定在内容分类上都应该有所涉及，所以笔者认为物流政策一体化水平的评价在四个方面的权重应该相同，均为1/4（见表10-5）。

表 10-5　指标体系

总指标	一级指标	
名称	权重	名称
京津冀物流政策一体化水平	1/4	基础类标准制定率
	1/4	公共类标准制定率
	1/4	专业类标准制定率
	1/4	标准化工作指导性文件制定率

$$L = \frac{1}{4} L_1 + \frac{1}{4} L_2 + \frac{1}{4} L_3 + \frac{1}{4} L_4$$

L 值越接近 1，代表北京、天津、河北三地的物流标准制定越完善，京津冀物流政策一体化水平越高。

（二）物流政策一体化水平评价

测量物流政策一体化的水平，首先要根据京津冀三地现行的物流标准，计算基础类标准制定率（L_1）、公共类标准制定率（L_2）、专业类标准制定率（L_3）、标准化工作指导性文件制定率（L_4）各指标值（见表 10-6）。

$$L_1 = \frac{\sum M_{i1}}{3} = \frac{1}{3} \qquad L_2 = \frac{\sum M_{i2}}{3} = \frac{3}{3}$$

$$L_3 = \frac{\sum M_{i3}}{3} = \frac{3}{3} \qquad L_4 = \frac{\sum M_{i4}}{3} = \frac{0}{3}$$

表 10-6　京津冀物流标准统计

	基础类标准	公共类标准	专业类标准	标准化工作指导性文件
北京	0	1	1	0
天津	1	1	1	0
河北	0	1	1	0
制定率	1/3	1	1	0

北京、天津、河北在公共类和专业类标准方面均有涉及，但基础类和标准化工作指导性文件方面的标准却很不完善。同时，在专业类方面虽然均有涉及，但分布范围狭窄，北京涉及的方面主要是危险化学品，天津和河北主要涉及农产品冷链方面。

根据各个指标的测度结果和指标权重测度出京津冀物流政策一体化水平值如下：

$$L = \frac{1}{4} L_1 + \frac{1}{4} L_2 + \frac{1}{4} L_3 + \frac{1}{4} L_4 = \frac{7}{12} = 58.33\%$$

可以得出，京津冀物流政策一体化指数为 58.33%，水平较低，物流标准还很不完善，有近一半的物流标准类都没有涉及。

进一步地，根据附录可以得出，京津冀三地均未涉及标准化工作指导性文件，并且仅天津市现行的标准中涉及基础类标准《绿色供应链管理体系要求》；关于专业类的标准，虽然三地均有涉及，但涉及面狭隘，主要集中在农副产品、食品冷链物流标准上，其他专业的标准涉及较少，物流标准化的工作做得还相当不足，没有形成三地对接的物流标准体系，物流政策上的一体化水平还比较落后，需进一步完善。

四、提高物流政策一体化水平建议

物流标准的制定是物流一体化政策实施的重要体现，经过分析，国家、行业的物流标准的制定在内容上和不同的功能、专业上分配很不均匀。在物流功能的标准制定上主要集中在运输、信息服务、仓储、包装领域；专业标准主要集中在农副产品（食品）冷链物流标准、粮油物流标准、电子商务物流与快递标准，需继续完善物流标准体系的建设。

这在京津冀三地的物流标准的制定上也有明显的体现，京津冀三地的地方性的物流标准制定很不均衡，且标准制定很不完善，甚至一些领域的标准制定数为0，在物流专业类标准上主要集中在食品冷链方面，其他方面的标准还有很大空缺，这无疑阻碍了京津冀三地物流一体化的发展进程。

物流标准的制定是物流一体化在政策上体现的重要一环，物流标准的不均衡发展及京津冀三地物流标准的缺失无疑将影响物流一体化的实施，京津冀三地应加强物流标准的制定，加快物流标准化的实施步伐，加速京津冀物流一体化的进程。

第十一章

结　论

本书根据京津冀物流业发展现状，从物流基础设施、物流信息化和物流政策一体化三方面编制评价指标体系测度京津冀物流一体化发展水平，最终的评价指标体系如表11-1所示。京津冀物流一体化发展水平的总实现度为59.63%，物流基础设施一体化、物流信息一体化、物流政策一体化实现度分别为58.94%、61.62%、58.33%（见表11-2）。

表11-1　京津冀物流一体化发展水平评价指标体系

一级指标	二级指标	三级指标
物流基础设施一体化	衔接度	流转距离
	均衡性	均衡度
	可达性	飞机通达指数
		汽车通达指数
		火车通达指数
	路网覆盖率	高速铁路城镇覆盖率
		高速公路城镇覆盖率
		航空覆盖率
	陆运对接程度	省际高速铁路网衔接程度
		省际货运铁路网衔接程度
	海运对接程度	港口差异度
		集装箱国际化率

续表

一级指标	二级指标	三级指标
物流信息一体化	物流管理者	服务覆盖范围
		海关业务覆盖率
		码头作业覆盖率
		承运人业务覆盖率
		结算业务覆盖率
		信息公众化率
		信息畅通度
		信息监管程度
	物流活动部门	功能覆盖率
		企业基本信息获取率
		物流园区基本功能实现率
		物流园区拓展功能实现率
物流政策一体化	基础类标准制定率	
	公共类标准制定率	
	专业类标准制定率	
	标准化工作指导性文件制定率	

表 11-2 京津冀物流一体化发展水平实现度

指标	实现度（％）	指标	实现度（％）
京津冀物流一体化发展水平	59.63	物流基础设施一体化	58.94
		物流信息一体化	61.62
		物流政策一体化	58.33

根据京津冀物流一体化发展水平测度结果，本书研究发现，目前京津冀物流一体化进程的现状与问题主要体现在以下五个方面：

第一，以经济一体化理论与质量互变规律为理论支撑，提出京津冀物流设施一体化发展进程具有阶段性的特点。京津冀物流设施一体化具有阶段性，即一体化进程分为点、线、面三个阶段。"点"是物流基础设施一体化形成阶段。北京管辖的 14 个区、天津管辖的 16 个区、河北管辖的 11 个地级市，这三地在各自的行政管辖范围内，在统一物流信息和统一物流政策的基础上，优化重组物流系统，实现物流一体化，为下一阶段打好基础。"线"是物流一体化成长阶段，主要发展目标是实现京津冀区域内部物流系统的互联互通。"面"是物流一体化成熟阶段，主要发展目标是实现京津冀与外部物流系统的对接与协调，京津冀形成物流同盟能够完全实现要素的自由流动。

第二，根据物流设施一体化各阶段的发展目标与发展方式设计一套阶段性测度指标体系。该测度体系在兼顾指标可操作性的前提下，从"点""线""面"三个阶段分别设计评价指标，为评价京津冀物流设施一体化水平提供了量化手段。根据云模型设置了评价指标体系权重，测度了京津冀物流设施一体化发展水平。测度结果显示，京津冀物流设施一体化进程实现了近六成，属于中等水平。线阶段的实现度高于点阶段和面阶段，京津冀区域间物流设施一体化进程略快于区域内部及其与周边区域的一体化。物流园区与交通枢纽的衔接度较低以及园区的区域布局不均衡直接制约京津冀区域内部物流一体化进程。京津冀港口群货源结构的同质性影响了与外部海运对接的程度，也阻碍了京津冀与周边区域物流设施一体化的进程。

第三，京津冀物流设施一体化进程完成近六成，属于中等发展水平，区域之间一体化发展水平高于区域内部及其周边的一体化水平。可以从三个方面入手推进京津冀物流设施一体化发展进程：其一，缩短物流园区与交通枢纽的流转距离，提高物流园区的衔接度。物流园区与交通枢纽的衔接度越高，越有利于实现区域内部互联互通。其二，提升京津冀物流园区辐射能力，促使物流园区的布局均衡化。物流园区的辐射能力越强，越有利于所有区域融入物流辐射网，实现物流零盲区。其三，引导京津冀港口群差异化运营，提升海运对接度。港口呈现差异化运营能促进港口功能合理分工，各港口有相对固定的合作伙伴，承运方根据港口的功能和设施选择货源，避免多个港口争夺共同货源的情况，有利于提高京津冀与周边区域的海运对接程度。

第四，京津冀物流信息一体化水平偏低，总水平实现度为61.62%。行业协会和政府管理者物流信息一体化高于物流园区和物流企业信息化水平。京津冀在信息化建设方面虽取得了一定的进展，但从全国来看明显滞后于长三角地区和珠三角地区，口岸间缺乏区域信息共享和协调机制，成为京津冀口岸间、口岸与腹地间跨区域合作的重要技术障碍。物流公共信息平台的建立为物流企业、货运代理的发展提供了新的机会，不过整体的社会诚信环境仍然有待改善，对于京津冀地区而言，这也是物流行业发展的客观制约因素。京津冀地区存在各式各样的物流行业协会，但是能真正发挥作用的、能为行业发展和地方经济发展出谋划策的、能真正让企业满意的协会非常少。

第五，京津冀三地的地方性物流标准制定很不均衡，且很不完善。一些领域的标准制定数为0，在物流专业类标准上主要集中在食品冷链方面，其他方面的标准还有很大空缺，这无疑阻碍了京津冀三地物流一体化的发展进程。物流标准的制定是物流一体化在政策上体现的重要一环，物流标准的不均衡发展及京津冀三地物流标准的缺失，无疑将阻碍物流一体化的发展进程，京津冀三地应加强物流标准的制定，加快物流标准化的实施步伐，加速京津冀物流一体化的形成。

附　录

单位：个

省份	标准	基础类	公共类	专业类	标准化工作指导性文件
北京	京津冀跨省市省级高速公路命名和编号		1		
	道路货运站（场）经营服务规范		1		
	危险货物道路运输安全技术要求			1	
	燃气输配工程设计施工验收技术规范			1	
	生活垃圾收集运输管理规范			1	
	粪便收集运输管理规范			1	
	放射性物品公路运输风险等级和安全防范要求			1	
	道路旅客运输站服务规范		1		
	奥运会食品安全包装、贮运执行标准和适用原则			1	
天津	危险化学品应急救援队训练及考核要求			1	
	绿色供应链管理体系要求	1			
	高速公路网运行监测与服务技术要求		1		
	天津市行政许可事项操作规程　生鲜乳收购、运输许可——生鲜乳收购许可			1	
	天津市行政许可事项操作规程　粮食收购资格许可			1	
	农村地区邮政与快递服务规范　第1部分：邮政		1		
	农村地区邮政与快递服务规范　第2部分：快递		1		

续表

省份	标准	基础类	公共类	专业类	标准化工作指导性文件
天津	智能邮件快件箱		1		
	冷链物流冷库技术规范		1		
	冷链物流运输车辆设备要求		1		
	冷链物流保温容器技术要求		1		
	冷链物流温度检测与要求规范		1		
	果蔬冷链物流操作规程			1	
	畜禽肉冷链物流操作规程			1	
	水产品冷链物流操作规程			1	
	低温食品储运温控技术		1		
	低温食品冷链物流履历追溯管理规范		1		
河北	第三方物流服务改进指南		1		
	果品无公害运输技术规范			1	
	动物及其产品运输过程中的安全卫生要求			1	
	动物卫生监督管理综合标准　第4部分：动物及动物产品运输、仓储的检疫监督管理规程			1	
	食品冷链物流技术与管理规范			1	

参考文献

［1］齐德印．国外都市圈比较研究及其对京津冀都市圈建设的启示［J］．策略，2011（4）：153.

［2］舒慧琴，石小法．东京都市圈轨道交通系统对城市空间结构发展的影响［J］．国际城市规划，2008（11）：105-109.

［3］焦文旗．京津冀区域物流一体化障碍因素分析［J］．商业时代，2008（35）：27-28+11.

［4］尹叶青．基于灰色关联理论的物流一体化与经济增长的关系研究［J］．物流技术，2013（21）：133-135+274.

［5］吴娜，薛婷婷．基于耦合进化理论的物流一体化与区域经济关系研究［J］．物流技术，2014（5）：293-295+317.

［6］钱廷仙．长三角物流一体化的推进［J］．特区经济，2009（10）：76-77.

［7］康贻建．如何构建长三角地区物流一体化体系［J］．商业时代，2006（24）：107-109.

［8］丁俊发．打好京津冀物流一体化这一仗［J］．中国物流与采购，2014（6）：1-3.

［9］段伟常，赵波，张永华．基于ACP理论的区域物流一体化复杂性研究框架［J］．广州大学学报（自然科学版），2012（4）：88-93.

［10］踪程，何继新．京津冀区域物流一体化模式的建构策略探讨［J］．

商业时代，2011（27）：41-42.

　　［11］陶进，姚冠新. 长三角区域物流一体化与区域经济一体化互动机理及规划探讨［J］. 商场现代化，2005（26）：317-318.

　　［12］李国旗，刘思婧. 珠三角经济区物流一体化动因、战略框架与合作模式研究［J］. 工业技术经济，2012（5）：88-95.

　　［13］周程，陶君成. 新常态下湖北省城乡物流一体化整合与创新途径［J］. 物流技术，2015（15）：48-50+99.

　　［14］戢晓峰，张玲，陈方. 物流一体化视角下城市群空间组织优化研究——以长江经济带城市群为例［J］. 地域研究与开发，2015（5）：24-28+41.

　　［15］邢虎松，刘凯，王刚. 区域物流一体化形成动因分析［J］. 综合运输，2011（10）：45-47.

　　［16］Roland Y. G. Lim，Tim Baines，Benny Tjahjono，Watcharavee Chandraprakaikul. Integrated Strategic Supply Chain Positioning for SMEs：An Empirical Study［J］. The International Journal of Logistics Management，2012（17）：260 – 276.

　　［17］Cristina Gimenez. Logistics Integration Processes in the Food Industry［J］. International Journal of Physical Distribution & Logistics Management，2006（36）：231 – 249.

　　［18］Shang，Kuo-Chung. Integration and Organisational Learning Capabilities in Third-party Logistics［J］. Service Industries Journal，2009（29）：331-334.

　　［19］来亚红. 区域一体化物流体系初探［J］. 经济视角，2005（10）：2-4.

　　［20］程永伟，穆东，崔介何. 京津冀物流一体化水平测算［J］. 当代

经济管理，2016（1）：60–63.

　　［21］卢美丽. 城乡物流一体化体系的构建和评价［J］. 农业经济问题，2012（4）：34–39.

　　［22］段海卜，高志飞，任利成. 基于因子分析法的山西省城乡物流一体化发展水平评价［J］. 商业经济研究，2015（7）：44–46.

　　［23］韩向雨，刘洋，申金升. 京津冀区域物流一体化发展若干思考［J］. 综合运输，2009（4）：36–40.

　　［24］孙久文，邓慧慧，叶振宇. 京津冀区域经济一体化经济联系研究［J］. 首都经济贸易大学学报，2008（2）：55–58.

　　［25］王维. 长三角交通基础设施一体化研究［J］. 学海，2006（6）：48.

　　［26］Balassa. The Theory & Economic Integration［M］. London：Allen & Unwin，1962.

　　［27］北京市交通委员会. 北京市"十三五"时期交通发展建设规划［Z］. 2016.

　　［28］张燕. 论区域物流一体化发展的三种模式［J］. 物流技术，2012（19）：54–56.

　　［29］Johnston R．J．Dictionary of Human Geography［M］．Oxford：Basil Blackwell，1994：2.

　　［30］成耀荣，单华夷，刘丰根. 物流园区辐射范围的确定及物流量分摊计算［J］. 交通运输工程学报，2008（12）：122–126.

　　［31］杨涛，过秀成. 城市交通可达性新概念及其应用研究［J］. 中国公路学报，1995，2（25）：30.

　　［32］大卫·哈维. 地理学中的解释［M］. 北京：商务印书馆，1990：5.

　　［33］刘德海，王维国. 大连建设东北亚国际航运中心对策分析［J］. 中国人口·资源与环境，2014（24）：139–142.

［34］徐泽水，达庆利. 多属性决策的组合赋权方法研究［J］. 中国管理科学，2002（2）：85-88.

［35］吕辉军，王晔，李德毅，刘常昱. 逆向云在定性评价中的应用［J］. 计算机学报，2003（8）：1009-1014.

［36］陈伟，夏建华. 综合主、客观权重信息的最优组合赋权方法［J］. 数学的实践与认识，2007（1）：17-22.

［37］李金昌. 关于统计思想若干问题的探讨［J］. 统计研究，2006（3）：31-37+81.

［38］李德毅，杜鹢. 不确定性人工智能（第二版）［M］. 北京：国防工业出版社，2014.

［39］李德毅. 知识表示中的不确定性［J］. 中国工程科学，2000，2（10）：73-79.

［40］李德毅等. 知识发现机理研究［C］. 中国人工智能学会第九届全国学术年会论文集，2001.

［41］李德毅，孟海军，史雪梅. 隶属云和隶属云发生器［J］. 计算机研究与发展，1995（6）：15-20.

［42］Deyi Li, Xuemei Shi, M.M.Gupta. Soft Inference Mechanism Based on Cloud Models［C］//Proceeding of the 1st International Workshop on Logic Programming and Soft Computing, Theory and Applications，1996：38-63.

［43］Deyi Li, Jiawei Han, Xuemei Shi. Knowledge Representation and Discovery Based on Linguistic Atoms［J］. Knowledge Based System，1998（10）：431-440.

［44］王国胤，李德毅，姚一豫等. 云模型与粒计算［M］. 北京：科学出版社，2012.

［45］付斌，李道国，王慕快. 云模型研究的回顾与展望［J］. 计算机应用研究，2011（2）：420-426.

［46］叶琼，李绍稳，张友华，疏兴旺，倪冬平. 云模型及应用综述［J］. 计算机工程与设计，2011（12）：4198–4201.

［47］徐绪堪. 基于云模型的信息系统与企业管理匹配指标权重模型构建［J］. 信息资源管理学报，2013（1）：87–92.

［48］韩冰，刘义军，陈汶滨，成素凡. 基于云模型的指标权重获取方法［J］. 软件导刊，2012（5）：15–17.

［49］王威，田杰，马东辉，苏经宇，韩阳. 基于云模型的城市防震减灾能力综合评估方法［J］. 北京工业大学学报，2010（6）：764–770.

［50］伍华健，陈少华，谭促伦，梅佳. 基于云模型的高校教师综合能力评价方法［J］. 统计与决策，2012（17）：60–63.

［51］江迎. 基于云模型和 GIS/RS 的坝堤溃决风险分析及灾害损失评估研究［D］. 华中科技大学，2012.

［52］钟鸣. 基于关联规则和云模型的水库诱发地震风险多层次模糊综合评价［D］. 华中科技大学，2013.

［53］杜湘瑜，尹全军，黄柯棣，梁甸农. 基于云模型的定性定量转换方法及其应用［J］. 系统工程与电子技术，2008（4）：772–776.

［54］郭茜，庄菁. 京津冀物流设施一体化发展路径与水平测度研究［J］. 商业经济研究（已经录用，待发表）.

［55］王明舒，朱明. 利用云模型评价开发区的土地集约利用状况［J］. 农业工程学报，2012（10）：247–252.

［56］王放，李彦鹏，黎湘. 一种基于正向云的自动目标识别效果评估方法［J］. 系统仿真学报，2008（7）：1673–1676.

［57］廖良才，范林军，王鹏. 一种基于云理论的组织绩效评估方法［J］. 系统工程，2010（1）：99–104.

［58］吴慧，王道平，张茜，张志东. 基于云模型的国际邮轮港口竞争力评价与比较研究［J］. 中国软科学，2015（2）：166–174.

［59］李德仁，王树良，李德毅．空间数据挖掘理论与应用（第二版）［M］．北京：科学出版社，2017．

［60］胡石元，姜昕，丁家玲．教师课堂教学质量的云模型评价方法［J］．武汉大学学报（哲学社会科学版），2007（3）：455-460．

［61］蒋嵘，李德毅，陈晖．基于云模型的时间序列预测［J］．解放军理工大学学报（自然科学版），2000（5）：13-18．

［62］朱杰，李俊涛，张方凤．物流公共信息平台建设与运营模式（第1版）［M］．北京：机械工程出版社，2013：21-24．

［63］时可．北京市物流信息平台发展现状分析［J］．物流技术，2011（6）：214－230．

［64］周晓娟，杨蕾．河北省"农超对接"实施路径之物流公共信息平台的建设［J］．物流技术，2012（7）：372-374．

［65］梁登攀，赵一飞．我国口岸物流信息平台建设存在问题与发展策略［J］．物流技术，2006（1）：115-119．

［66］焦文旗．区域经济一体化下的京津冀物流协作研究［D］．河北师范大学，2008．

［67］汪传雷，王兰，冯世朋．物流类行业协会信息化研究——以安徽省为例［J］．现代情报，2013，33（4）：67-72．

［68］关堂春．基于系统分析的区域物流信息平台构建思考［J］．吉林工程技术师范学院学报，2015，31（4）：14-17．

［69］郭玉杰．基于中原经济区发展的物流园区建设研究［J］．企业科技与发展，2014（2）：12-13．

［70］李宁，张晨．京津冀区域物流一体化发展现状研究［J］．全国流通经济，2017（18）：27-29．

［71］高希波．京津冀区域物流一体化研究［J］．学理论，2011（29）：117-118．

［72］国家标准化管理委员会. 物流标准化中长期发展规划（2015—2020 年）［Z］. 2015.

［73］中国物流与采购联合会. 物流标准目录手册［M］. 北京：中国质检出版社，2007.